Gli struzzi 27.

Nuova serie

www.einaudi.it

ISBN 978-88-06-26545-8

FRANCO MARCOALDI

I cani sciolti

comunità di solitari

Giulio Einaudi editore

a mio padre, in memoriam,
e ai miei sconosciuti compagni di viaggio

I cani sciolti

Rimane il fatto che, dalla caverna, non si esce in massa ma solo uno per uno.

NICOLA CHIAROMONTE

Non chieder piú.
Nulla per te qui resta.
Non sei della tribú.
Hai sbagliato foresta.

GIORGIO CAPRONI

I

È sintomatico. Dopo averne ripetutamente scritto sia in prosa che in poesia, il *Canis lupus familiaris* torna anche nel titolo di questo mio nuovo libro, che però col cane, *stricto sensu*, non c'entra proprio niente. Riprende soltanto quell'espressione colloquiale, «cani sciolti», che restituisce al meglio una condizione oggi piuttosto diffusa, anche se poco o punto riconosciuta nel nostro dibattito pubblico: quella di chi si chiama fuori. Di chi, volontariamente, si scioglie da inutili servitú e soggezioni. Non sta al gioco. Abbandona. Cambia scena. Prende un'altra strada. Si ritira nel bosco. Se ne va. In cerca di altri tragitti – piú segreti, autentici, personali – vòlti a celebrare l'esistenza e a lodare il mondo. Che poi, a voler spaziare per un momento con lo sguardo, è esattamente quanto accade a Hirayama, il protagonista dell'ultimo, magnifico film di Wim Wenders, *Perfect Days* (2023), reso tanto piú toccante dalla sublime interpretazione dell'attore giapponese Kōji Yakusho.

Quella che viene raccontata nel film è la vicenda di un uomo maturo e solitario, di cui solo verso la fine si intuiscono le origini familiari colte e benestanti, il quale si è allontanato dal proprio ambiente e dai probabili privilegi connessi, senza cadere però nella disperazione. Al contrario.

Hirayama ora lavora come addetto alle pulizie dei bagni pubblici di Tokyo, e svolge tale compito come fosse una cerimonia, con una dedizione assoluta, religiosa: specchio di un'interiorità ricca e capace di accogliere i piccoli miracoli quotidiani che la sua vita, per quanto anonima, gli offre. Ha scelto per sé un'esistenza meditativa. Pressoché muta. Assorta. Riflessiva. È solo, ma non si sente solo. Non si sente abbandonato, indesiderato, reietto. Insomma, direbbero gli inglesi – la cui lingua in questo frangente si rivela piú ricca della nostra –, conosce gli aspetti positivi e creativi della *solitude* senza patire la *loneliness*, l'amarezza plumbea di chi è stato messo in un angolo.

Ogni mattina l'uomo saluta l'alba con un sorriso dolce e grato, in automobile ascolta con gioia contenuta vecchia musica rock e pop, rigorosamente in cassetta, fotografa con concentrazione le chiome degli alberi piú maestosi del parco in cui si ferma per la breve pausa pranzo. E, con altrettanta attenzione al mondo vegetale, bagna con cura le minuscole piantine salvate da morte sicura nelle strade della gigantesca, ipertecnologica metropoli. Si bea delle lunghe passeggiate in bicicletta e degli incontri sempre silenziosi con sconosciuti incontrati per via. Infine, tornato nella sua casa, grande come un astuccio di matite, conclude immancabilmente giornate sempre uguali, eppure sempre diverse, leggendo una pagina di Faulkner. Per paradosso, *L'urlo e il furore*.

Ogni azione viene compiuta da Hirayama con olimpica serenità. Senza enfasi, fanfare, proclami. Cosí come, per tornare a noi, non troverete fanfare e proclami tra i «cani sciolti» delle nostrane «comunità di solitari», di cui vi parlerò nelle pagine a venire.

Non c'è nulla di cui vantarsi, infatti, se ci si ritrova nei panni del renitente, dell'apostata, del disertore. O, piú semplicemente, del battitore libero. Di chi non riconosce piú un legame forte con i valori predominanti della società in cui vive; con quella spettacolarizzazione del nulla, quella smaniosa inerzia, quella sfibrata fatuità da danza macabra che la contraddistinguono.

C'è, piú semplicemente, da prendere atto di una data situazione. Riconoscendo che, col passare del tempo, giorno dopo giorno, si è progressivamente consumata – magari inconsapevolmente, magari involontariamente – una defezione dalle originarie comunità a cui si era legati: politiche, religiose, sociali, culturali.

Chi ha rifiutato chi? verrebbe da chiedersi per prima cosa. Ma, indipendentemente dalla risposta che ci daremo, la verità di quanto accade è che c'è chi non si riconosce piú in un partito politico, una parrocchia, un giornale – magari dopo lunghi anni di vicinanza, se non di vera e propria appartenenza a quel gruppo, a quel progetto, a quell'orizzonte d'azione. E tale diserzione, tale renitenza, è tanto piú complicata in quanto si consuma in una condizione *ordinaria*, che come tale non richiede risposte eccezionali, forse piú facili da accogliere, per quanto strano possa sembrare, proprio perché ineludibili.

Chi oggi "diserta" sa di compiere una scelta personale di progressiva solitudine: piú o meno serena, piú o meno faticosa; ma una scelta giusta di per sé, dettata da un insopprimibile sussulto di coscienza; addirittura da una sensazione fisica primordiale e prorompente, che gli impone di tagliare i ponti con qualcosa che non sente piú *suo*.

Chi, giudicandola, ritiene che tale scelta rappresenti soltanto una comoda scorciatoia – egoista, individualista, menefreghista, solipsista – dimentica innanzitutto quanta determinazione essa comporti. A maggior ragione in un Paese come il nostro, che trova il suo inesorabile collante nella legge della contiguità: ovvero, se non fai parte di un gruppo, una cordata, una combriccola, una tribú, una banda, non conti niente. Non sei nessuno. Per la semplice ragione che non hai nulla da *scambiare* col prossimo. Ecco perché il disertore deve sapere, e sa, che la sua scelta non è affatto comoda. Non è affatto facile.

Aggiungo, ed è un ulteriore paradosso, che se il disertore, chiamandosi fuori dalla logica delle appartenenze, andrà inevitabilmente incontro non solo a una salutare e proficua *solitude*, ma fors'anche a una ben piú dolente *loneliness*, saprà per contro che molti altri si trovano nella sua medesima condizione, perché hanno compiuto piú o meno consapevolmente la medesima scelta. Anche se magari non verrà mai a diretto contatto con quegli sconosciuti, che peraltro condividono un sentimento analogo al suo: la nostalgia della comunità perduta.

Già, perché tutti questi compagni di viaggio, disseminati chissà dove, non sono affatto i coreuti felici di un trionfante individualismo di massa che genera una informe e anomica moltitudine in cui ci si «avvicina gli uni agli altri senza accorgersene, senza cercarsi e senza vedersi», come già aveva intuito Alexis de Tocqueville. Al contrario, i cani sciolti di cui qui parliamo rappresentano i custodi severi della sacralità della persona, unica e sola garanzia di una comunità autentica, giusta. Come intuirono perfettamente i nostri padri costituenti, che affidarono proprio al completo sviluppo della persona umana il fine supremo assegnato alla Repubblica. Detto altrimenti: non esiste autentico bene comune se non viene consentito a ciascuno di farne parte. Attivamente e appieno.

E allora. Come tenere insieme l'irresistibile spinta a preservare l'integrità della propria vita interiore, che corre il rischio di smarrirsi nell'ininterrotto rotolare senza direzione e senso dell'attuale società, con la consapevolezza che l'uomo resta comunque un animale sociale e dunque non ci si salva mai da soli? Visto oltretutto, come asseriva Marco Aurelio, che «ciò che non giova all'alveare, non giova neppure all'ape»? Questa è la vera e propria aporia da "fine d'epoca" con cui si confronta il libro che state per leggere.

II

Da un anfratto della mia biblioteca, tanto cospicua quanto disordinata, qualche giorno fa è saltata fuori una copia di *Addio alle armi* di Ernest Hemingway nella vecchia edizione della «Medusa» mondadoriana (1949), con la traduzione di Fernanda Pivano. In questo romanzo brusco e toccante si racconta una specialissima storia di diserzione: quella di un giovane americano, Frederic Henry, che parte volontario per il fronte italiano nel corso della Prima guerra mondiale, dove svolgerà la funzione di autista di ambulanze. Via via che passano i mesi, l'iniziale afflato idealistico progressivamente si offusca. L'insensato orrore della guerra prende il sopravvento: ovunque morte e distruzione. Distruzione e morte. I soldati con cui il giovane ufficiale è in contatto quotidiano si dimostrano sempre piú disgustati e anelano a una pace che non arriva mai. Addirittura, chi combatte, non sa piú se sia meglio la vittoria o la sconfitta.

Sí che, quando il cappellano gli chiede: «Lei, a che cosa crede?», «Al sonno», risponde Henry lapidario. «Parole astratte come gloria, onore, coraggio e dedizione, erano oscene accanto ai nomi concreti dei villaggi, ai numeri delle strade, ai nomi dei fiumi, ai numeri dei reggimenti e delle date». Parole vuote a fronte di nomi concreti. Reali.

Tutto precipita dopo la ritirata di Caporetto, quando anche le ambulanze di cui Henry è responsabile si trovano impigliate nella rotta dell'esercito italiano. Per evitare una piú che probabile fucilazione da parte dei carabinieri, che giudicano sommariamente quali traditori gli ufficiali allo sbando e separati dalle proprie truppe, Henry fugge verso Stresa, dove l'attende Catherine Barkley, la crocerossina da cui sta aspettando un figlio. E con la quale fuggirà poi in Svizzera a bordo di una improbabile barchetta, prima del tragico finale che vedrà la donna morire assieme al nascituro dopo un disastroso intervento cesareo.

In attesa dell'amata, nel Grand Hotel des Iles Borromées desolato e semivuoto – davanti a un paio di Martini e a sandwich finalmente decenti –, Frederic azzittisce il barman: «Non parlarmi di guerra», gli ordina. Poi, con sguardo retrospettivo, tra sé e sé riflette: «la guerra era molto lontana. Forse non c'era nessuna guerra. Non c'era guerra qui. Allora capii che per me era finita. Ma non avevo la sensazione che fosse proprio finita. Avevo la sensazione di un ragazzo che pensa a ciò che sta succedendo in un certo momento nella scuola che ha marinato». Osservazioni che fanno il paio con quelle, ancora piú significative, della pagina precedente; quando troviamo Henry nello scompartimento del treno che da Milano lo porterà sul Lago Maggiore, con indosso panni borghesi dopo aver dismesso quella divisa da ufficiale che lo avrebbe condotto a morte sicura: «ero triste quanto la campagna lombarda bagnata che si vedeva fuori attraverso il finestrino. Nello scompartimento c'era qualche aviatore che non si preoccupava molto di me. Evitavano di guardarmi e mostravano molto disprezzo per uno in borghese alla mia età. Non mi sentii insultato. In passato li avrei insultati e incominciato una lite. Scesero a Gallarate e fui lieto di restar solo. Avevo il giornale ma non lo leggevo perché non volevo leggere cose sulla guerra. Stavo andando a dimenticare la guerra. Avevo fatto una pace separata».

Che definizione limpida, cristallina, sorprendente: «pace separata». Una definizione talmente perfetta da impedire la pubblicazione del romanzo in italiano fino alla fine della Seconda guerra mondiale, dato che il fascismo lo riteneva lesivo dell'onore delle forze armate. E difatti la stessa traduttrice, Fernanda Pivano, che aveva iniziato a lavorare al testo già nel '43, venne arrestata a Torino dalle SS per «attività cospirativa».

Peggio per loro, verrebbe da dire. Per i fascisti, intendo. Perché è proprio grazie a quella definizione tanto temuta, «pace separata», se noi lettori postumi proviamo ancora – quasi ottant'anni dopo – un'immediata simpatia verso questa dolente figura di disertore.

III

Da sempre dubitante sull'esistenza di Dio, credo invece fermamente nelle corrispondenze, nelle *correspondances* di baudelairiana memoria. Lí si annida il vero miracolo, il vero mistero dell'esistenza.

Tanto per non restare nel vago: aprendo la vecchia edizione di *Addio alle armi* di cui dicevo poc'anzi, mi accorgo che sul frontespizio compare la firma di mio padre, Aldo Marcoaldi, con la data, aprile 1950, e il luogo di acquisto del volume, Pescara. È vero che il romanzo di Hemingway era ai tempi popolarissimo e la collana «Medusa» rappresentava una garanzia per ogni lettore curioso e appassionato. Mio padre però, oltre a essere un lettore onnivoro, era anche un militare, per quanto *sui generis* – un uomo che amava sopra ogni altra cosa volare e per questo si dimostrò sempre disposto a passare sopra a quelle che lui chiamava «le manfrine» della vita in divisa –, il che peraltro non gli impedí di concludere la sua carriera con i gradi di generale pilota.

Ciò che ora mi angustia è non avergli chiesto, finché era in vita, quale opinione avesse di questo romanzo sulla diserzione. Il suo giudizio sarebbe stato tanto piú interessante, in quanto la lettura del capolavoro di Hemingway, nel suo caso, avveniva piú o meno a cavallo della scrittura di un suo quaderno di memorie, iniziato il 21 gennaio 1949 e inviato a mio fratello maggiore, Carlo Alberto, allora poco piú che neonato; quaderno in cui mio padre ripercorreva con ammirevole asciuttezza la terribile esperienza patita nei Lager nazisti come internato militare.

Conoscevo già quel quaderno, che tanti anni fa vide nascere un mio poemetto teatrale, *Benjaminowo: padre e figlio*, da cui Toni Servillo trasse uno spettacolo sotto forma di oratorio nel quale lui interpretava il padre e io il figlio. Oratorio inframmezzato da alcuni *Lieder*, sempre su miei testi, musicati da Fabio Vacchi. E anche qui, di nuovo, tornano le misteriose corrispondenze: fu abbastanza stupefacente, sia per me che per Vacchi, scoprire solo allora che i nostri genitori (ormai defunti) avevano patito la stessa esperienza. E nello stesso campo di prigionia di Benjaminowo: coatta e memorabile «università privata» (mi pare che proprio cosí la definisse mio padre), dove si potevano incontrare personalità della statura di Enzo Paci, Giuseppe Novello, Giovannino Guareschi, Gianrico Tedeschi, Roberto Rebora. E molti altri. Nuovi maestri e nuovi amici – cosa ancora piú apprezzabile in un contesto rovinoso come quello del regime fascista; «periodo critico per le amicizie», come scrisse Piero Calamandrei, che subito dopo aggiungeva: «In quel clima di sospetto, gli spiriti liberi cercarono la solitudine; ma per addolcire quella solitudine andavano cautamente in cerca di altri solitari: come anacoreti che si cercassero, per farsi compagnia nel deserto».

Aggiungo che, nel riprendere in mano il diario paterno a tanti anni di distanza, l'emozione è stata se possibile superiore alla prima volta. Un'onda di ricordi si è scatenata nella mia mente a partire da quell'improbabile, incongruo quaderno in cui sono depositate le sue note. E che inizialmente era appartenuto a mia madre, come si evince dal frontespizio, dove compare in bella calligrafia per l'appunto la firma materna.

Quel quaderno della serie «Giovinezza sportiva» risale, è evidente già dalla grafica, al periodo fascista, e difatti vi campeggia una bella ragazza impegnata in una corsa a ostacoli, cosí commentata nella quarta di copertina: «lo sport femminile, purché sia mantenuto nei giusti limiti, serve a conferire grazia e scioltezza ai movimenti e a dare al corpo maggior forza ed elasticità. Perciò oggi nel Regime Fascista si è voluto che le donne e specialmente le fanciulle praticassero tutte le forme sportive e si è visto quali ottimi risultati sono stati raggiunti». La chiusa poi è roboante: «Certo una delle prove piú esteticamente pregevoli dell'atletica è la corsa veloce ad ostacoli, esercizio di stile, agilità e di armonia. Si noti infatti con quanta leggerezza e con quanta grazia questa campionessa universitaria rappresentata nella nostra figura scavalca l'attrezzo».

Anche la vicenda narrata da mio padre, in qualche modo, rappresenta una corsa a ostacoli. Per quanto tremenda. E per quanto stellarmente lontana da quella «grazia, scioltezza e armonia» femminili sottolineate dal quaderno; non foss'altro perché i protagonisti sono tutti, invariabilmente, maschi: un campione significativo di quei 600 000 (o addirittura, secondo stime piú recenti, 650 000) ufficiali e soldati italiani che, catturati dopo la disfatta dell'8 settembre, furono fatti prigionieri dal regime nazista.

Sottoposti a ricatto quotidiano da parte dei loro carcerieri, disposti a liberarli non appena avessero deciso di aderire alla Repubblica sociale, quegli uomini verranno lasciati totalmente soli dagli stessi organismi che avrebbero dovuto aiutarli, compresa la Croce rossa italiana che, stando sempre al diario paterno, non riconoscerà loro lo status di prigionieri secondo le convenzioni vigenti.

Quella degli Internati militari è una delle vicende piú tragiche, e piú a lungo rimosse, della nostra storia recente. La Destra politica, infatti, non aveva alcun interesse a tornare sul collasso nazionale che fece seguito all'8 settembre del '43. E la Sinistra, per contro, avrebbe puntato tutte le carte dell'antifascismo sulla guerra partigiana. Si pensi solo che il futuro segretario del Partito comunista, Alessandro Natta, anche lui internato militare in qualità di ufficiale di artiglieria, non avrebbe trovato presso gli Editori Riuniti, casa editrice di riferimento del Pci, alcun interesse a pubblicare nel 1955 il suo resoconto sulla vita nel Lager: *L'altra Resistenza*, che vedrà la luce soltanto nel 1997, per Einaudi.

A riportare meritoriamente sul proscenio della vita pubblica questa tragica storia che aveva coinvolto in modo diretto o indiretto milioni di famiglie italiane, sarà Carlo Azeglio Ciampi nel corso del suo settennato come presidente della Repubblica. Ed è un merito che non va dimenticato.

Ma torniamo alle note di mio padre. Fame, freddo, tifo petecchiale, tubercolosi, torture, fucilazioni, morti. Queste sono le parole piú ricorrenti del suo diario, ma una troneggia sulle altre: *fame*. Dopo lunghi mesi trascorsi mangiando un unico "pasto" giornaliero, composto da una infame brodaglia di rape, bucce di patate e, quando andava bene, un pezzo di pane raffermo, mio padre cita una massima cinese: «I cinesi dicono che la sede dell'intelletto è la pancia e noi, i superuomini bianchi, ridiamo di loro. Ma i cinesi, che conoscono la fame meglio di noi, loro che sanno cosa vuol dire morire di fame, ci lasciano sorridere e seguitano a dire che la pancia è la sede dell'intelletto. Tutto ciò che è bello, ottimista, gioioso, è stato fatto da un uomo che ha mangiato».

È uno dei tanti esempi del tono spiccio, assolutamente antiretorico, che affiora nelle sue pagine. Un tono che a tratti sfiora la brutalità. «Tu avrai già studiato la storia del Risorgimento italiano», scrive ancora a mio fratello maggiore, proiettandolo in un futuro di là da venire, «avrai letto di uomini cui la vita offriva tutto meno che la libertà, e per questa libertà hanno rinunziato a tutto e sono morti. Per un'idea si può soffrire e morire. È verissimo. Ma non credere che l'ideale per cui si sacrificano giovinezza, aspettative, affetti, sia come lo cantano i poeti seduti a tavolino. Alle sofferenze ci si ribella e si diventa cattivi con tutti, anche con sé stessi. L'uomo perde il sorriso, ogni istinto animalesco che bene o male riuscivamo a dominare, o almeno a celare agli occhi degli altri, appare con forza, esplode in tutta la sua violenza. E allora entra in ballo il grande energetico: l'odio. Nessun sentimento può dare forza quanto l'odio.

L'odio porta all'esasperazione, l'amore no. L'odio verso i nostri carcerieri ci dette la forza e la costanza di arrivare fino in fondo».

Accanto a questo terrificante e formidabile volano, secondo mio padre avrebbe giocato un ruolo centrale un sentimento tutt'affatto diverso, in apparenza addirittura antitetico: l'umorismo. «Sembrano due aspetti che non sono fatti per andare a braccetto, eppure ci fu un uomo tra noi che riuscí a farli concordare: Giovanni Guareschi. Il suo era un umorismo amaro, quasi tetro. Ma riusciva nei suoi discorsi a mostrare la nostra miseria sotto una luce diversa»; a evidenziare, esasperandolo, il risvolto assurdo di quella tragedia. Che di conseguenza spingeva a fare leva, per quanto possibile, sull'unica arma a disposizione: l'irrisione dell'aguzzino. Non c'era modo migliore che architettare delle piccole beffe, per fare imbufalire i carcerieri.

Un esempio? I prigionieri italiani erano riusciti a tenere nascoste due radio riceventi che smontavano e rimontavano di continuo, pezzo a pezzo, per evitare che venissero trovate. Cosí, all'alba del 6 giugno 1944, vennero a sapere da Radio Londra, quando la notizia non era ancora filtrata tra i tedeschi del Lager, che i primi reparti delle forze alleate erano sbarcati in Normandia. E all'adunata del mattino, per salutare l'evento, piazzarono svariate barchette di carta nelle pozzanghere del cortile. Apriti cielo! I tedeschi li fecero stare per otto ore in piedi sotto un'acqua torrenziale. Ma, come scrive mio padre appoggiandosi a un antico proverbio meridionale di immediata efficacia: «Vale chiú nu sfizio che 'na masseria».

D'altronde, se in ogni dittatura l'umorismo è bandito, ci sarà pure una ragione. Perché il rovesciamento della realtà, tipico del comico, non è ammissibile in chi è «altamente compreso dal compito storico, con viso accigliato». E teme per l'appunto l'umorismo come «il piú possente demolitore».

Guareschi, talentuoso «anarchico» di destra fieramente anticomunista – nel quaderno citato assieme a una figura tutt'affatto diversa: lo scrittore socialista e libertario Jack London –, proprio questo insegnerà ai compagni di baracca. La scelta a cui quegli uomini in divisa erano chiamati (aderire alla Repubblica sociale o continuare per chissà quanto la crudele vita nel Lager) non doveva fare leva sui «soliti linguaggi che si sono sempre usati, tirando fuori la solita retorica stantia, che avrebbe spento un fuoco con la benzina», ovvero aizzando i prigionieri gli uni contro gli altri in una discussione astratta e irrelata sulla Patria, l'Ideale, la Morale, eccetera eccetera. Meglio, molto meglio attenersi alla concretezza dell'esperienza, all'immediatezza "corporea" della risposta. A un sí o a un no che sgorgassero spontanei, naturali.

Inevitabile, a questo punto della lettura, che il mio pensiero vada al Nicola Chiaromonte di *Credere e non credere*. Piú precisamente, alle pagine finali di quel libro, in cui l'autore – uno degli intellettuali piú liberi e acuti del Novecento italiano – ci ricorda come le credenze condivise rappresentino la trama piú intima e salda delle relazioni sociali, il legame piú profondo tra le coscienze dei singoli, un indispensabile orizzonte di speranza comune. Quelle «credenze istintive, genuine», talmente introiettate in ciascuno di noi che non c'è neppure bisogno di doverle verbalizzare, evidentemente erano ancora presenti tra gli ufficiali e i soldati italiani prigionieri nel Lager, visto il gran numero di quanti non aderirono alla proposta nazifascista. Non c'era alcun bisogno di ravvivare tali credenze facendo ricorso ad afflati retorico-idealistici: «alla fin fine sempre dettati dalla convenienza», commenta sapido mio padre. Quando si adotta una vuota retorica è perché si è entrati nel «regno della malafede», aggiunge da parte sua Chiaromonte: ovvero di credenze «mantenute a forza»; quelle stesse che consentono alla «moneta cattiva» di scacciare la moneta buona, facendo leva su «menzogne utili» che corrodono «verità inutili».

Ma in una situazione tanto estrema si era ancora in presenza di «credenze genuine», fondate su evidenze naturali e dirette, su un'esperienza esteriore e interiore realmente condivisa. Per prendere posizione, bastava attenersi allo strano binomio odio-umorismo. Semplice, concreto, incarnato. La stessa idea di patria, in tale contesto, si spogliava naturalmente di qualunque patina enfatica, ampollosa, sublime. Che poi era quella propria del fascismo, la cui «imbecillità», scriverà ancora Chiaromonte, «sta essenzialmente nel fatto di separarsi per sempre dalle risorse piú profonde dell'uomo: la verità e la spontaneità».

È sufficiente leggere la fine del racconto paterno per cogliere la veridicità di queste parole. Dopo lo strazio patito nel campo di prigionia di Benjaminowo, arriva per lui l'Arbeit Lager, il campo di lavoro forzato di Amburgo, se possibile ancor piú insopportabile del primo, vista la penosa situazione fisica dei sopravvissuti, chiamati ora «a lavorare dieci ore al giorno con la stessa quantità di vitto dei campi di concentramento».

Ma siccome al peggio non c'è mai fine, trascorse alcune settimane di lavori forzati, ecco un membro delle SS insolitamente ciarliero comunicare a mio padre e ai suoi compagni che a breve sarebbero stati tutti passati per le armi. Tra i soldati italiani il terrore, ovviamente, dilaga. «Ebbi modo cosí di osservare tutta la gamma delle manifestazioni della paura. Gente che sveniva, chi pregava, chi bestemmiava, chi urlava di rabbia impotente, chi se ne stava comodamente sdraiato sul tavolaccio ad osservare gli altri».

La fine si avvicina e mio padre racconta l'orrore di chi si sente ormai come un topo in trappola, senza alcuna possibilità di reagire. In attesa soltanto della morte, di ora in ora piú imminente. E invece... Invece, proprio all'alba della giornata fatidica, quando i prigionieri si affacciano tremanti fuori dalle baracche, si accorgono stupefatti che non c'è piú nessuno: le SS sono scomparse, dileguate. Nel frattempo i primi carri armati inglesi sono entrati ad Amburgo. «Un sottotenente di fanteria napoletano, mi spiace non ricordarne il nome, quando sentí il rombo della prima autoblindo inglese, si tolse la giacca, frugò tra i suoi stracci, e, miracolo, tirò fuori la bandiera di combattimento del suo reggimento. L'aveva tenuta per venti mesi cucita nella fodera e non aveva parlato a nessuno di questo suo segreto».

Con perfetto tempismo teatrale, il giovane ufficiale pilota torna a volgersi di nuovo, e in modo diretto, al figlio di pochi mesi, ancora una volta immaginato già grande: «Non so che indirizzo prenderanno le cose, sotto che punto di vista vedrai il mondo. E ridi pure, se vuoi, sentendo che a me vennero due lucciconi che non potei trattenere. Poi ci fu un grido. Un grido che sgorgò da noi naturale come il battito del cuore: "Viva l'Italia!"

Non ti dico questo per farti sentire orgoglioso di essere nato nella città dei Cesari. Non ne hai alcun merito, se non farai di tutto per avvalorare con i tuoi atti questa tua nascita all'ombra della piú bella cupola del mondo. Se invece ti sentirai "cittadino del mondo", non farò nulla per cambiare le tue idee. Ognuno deve seguire gli impulsi che gli dettano il suo cuore e il suo cervello. Noi gridammo cosí perché cosí sentivamo. Cosa importa se quella bandiera era lercia e piena di sudore e pidocchi, che per venti mesi avevano torturato quel sottotenente? Per noi era l'Italia. Per venti mesi ci avevano sputato contro in quanto italiani ed ora il simbolo dell'Italia tornava al sole e al sole di quella terra che ci aveva tanto maledetti».

Confesso che a rileggere queste parole – io che certo non ambisco al ruolo di nuovo patriota italiano – ho avuto la stessa, identica reazione che descrive mio padre: una commozione palpabile, fisica; un brivido lungo la schiena.

È davvero strana la vita, che separa e ricongiunge in modo sussultorio e imprevedibile biografie tanto diverse. Per molti aspetti, agli antipodi tra loro. Fatto sta che ora, mentre cerco di mettere insieme i tasselli di una nuova "diserzione sociale" in tempi storici fin qui per noi ordinari, ripenso con ammirazione a mio padre, che conobbe e patí, in condizioni eccezionali, il lato rovescio della ribellione. Ritrovandosi, da militare onesto e retto, per quanto refrattario agli eccessi delle sirene militariste, nei panni di «un combattente senz'armi», come scrisse Guareschi. Sorretto soltanto, nella sua solitaria battaglia, dalle proprie convinzioni: genuine, istintive. Ma ferme, irremovibili. Mosso dall'unica cosa che conta: preservare la propria dignità.

IV

Vorrei soffermarmi ancora un momento, seppure in modo indiretto, sulla figura paterna. Sono pressoché certo che mio padre non abbia mai letto Virginia Woolf. E per quanto parole come «pacifismo» e «femminismo» fossero estranee al suo vocabolario, mi piace immaginare che avrebbe considerato con interesse le pagine che la scrittrice inglese dedica alla figura dell'outsider. Non foss'altro perché, con il passare degli anni, anche lui avrebbe messo intimamente a distanza un mondo dove non si sentiva fino in fondo a casa, ben sapendo per contro che doveva attenersi alle regole rigidamente gerarchiche della vita militare. Era il prezzo che avrebbe sempre diligentemente pagato, anche in tempi di pace. Perché, al modo di Enea, mio padre non fece quello che *voleva*, ma quanto *doveva*. E il suo dovere era in primo luogo quello di cittadino responsabile, rispettoso della sfera pubblica; oltre che di padre e marito. E di creatura che intendeva, questo sí, preservare a tutti i costi la sua suprema passione: il volo. Una passione che ha trasferito anche a me, sotto forma di puro diletto, tanto da spingermi a sceglierla come ideale *trait d'union* tra me e lui per la foto di copertina di questo libro, uno scatto di Enzo Isaia capitato casualmente nelle mie mani grazie a mio fratello Riccardo.

Vi compaiono assieme, in un'immagine a suo modo "concettuale" ma di rara immediatezza e forza evocativa, un aereo e un paracadute; anzi, due. Uno piú grande, in alto, già aperto e in primo piano, diretto verso terra da un paracadutista solitario. E l'altro, minuscolo, che si intravede nella parte inferiore della foto. Là dove campeggia uno dei famosi «Vagoni volanti», quei C-119 che mio padre, di stanza alla 46ª aerobrigata di Pisa, pilotò sia nelle spedizioni di aiuto alle popolazioni civili di mezzo mondo colpite da catastrofi naturali, sia in missione coi caschi blu dell'Onu durante la terrificante guerra civile in Congo, che portò all'eccidio di tredici aviatori della base pisana a Kindu (1961).

Dunque, solidarietà e solitudine: niente di meglio per sigillare il mio libro.

Ma torniamo a Virginia Woolf. Le sue considerazioni sull'outsider compaiono in un saggio tra i piú controversi della sua opera, ricca di toni e mirabile per varietà: *Le tre ghinee*, scritto nel 1938, poco prima che scoppiasse la Seconda guerra mondiale. Quel libro, in cui facendo leva su un femminismo radicale e documentatissimo dichiarava la sua totale estraneità rispetto a qualunque ipotesi di un pacifismo a trazione maschile, non piacque né a John Maynard Keynes né a E. M. Forster, entrambi appartenenti al Circolo di Bloomsbury, di cui Virginia Woolf fu la stella indiscussa. Due intellettuali ammirati e rispettati da tutti, *in primis* proprio da lei. Si aggiunga alla loro disapprovazione la reazione tiepida del marito Leonard, e quella negativa dell'amata Vita Sackville-West.

Per quel poco o nulla che conta mi metto in fila anch'io tra quanti sono rimasti a tratti perplessi di fronte alle tesi esposte dalla scrittrice. Woolf stessa, del resto, in qualche modo tornò sui suoi passi quando, avvicinandosi ulteriormente il pericolo nazista, capí che no, non c'era verso: per quanto rispondesse al vero che, anche nella civilissima Inghilterra, il sistema paternalistico-maschilista imperante si fondasse su elementi palesemente "fascisti", la mostruosità del nazismo non consentiva tentennamenti. Non c'era pacifismo che tenesse. Era indispensabile imbracciare le armi. Il che dimostra come non manchino i frangenti storici che testimoniano le aporie in cui può incorrere la figura del pacifista. E quella del disertore. Anche per chi riconosce in entrambe, spesso e volentieri, un tratto di nobiltà.

Ciò detto, il coraggio e l'intelligenza della scrittura woolfiana brillano comunque nelle pagine del suo pamphlet. Soprattutto quando Woolf dà forma a quella figura dell'outsider, centrale, come s'è detto, in tutto il suo pensiero, e fondamentale per il nostro ragionamento.

Grazie a un semplice quanto efficace *escamotage* narrativo, la scrittrice immagina di rispondere alla lettera di un ignoto avvocato che chiede a lei e a tutte «le figlie di uomini colti» di aiutarlo a prevenire la guerra e a combattere i nazionalismi montanti iscrivendosi a un'associazione pacifista, o facendo una donazione. Se Woolf, come si è già accennato, nega il suo contributo, è perché il patriarcato e la discriminazione verso le donne non rendono affatto la patria inglese immune dal virus che si vuole combattere. «Le figlie degli uomini colti che venivano chiamate – e la parola intendeva offenderle – "femministe", in realtà furono le antesignane del Suo stesso movimento», scrive Woolf all'avvocato. «Combattevano il medesimo nemico per i medesimi motivi. Combattevano contro l'oppressione dello stato patriarcale come voi combattete contro l'oppressione dello stato fascista. Noi non facciamo che portare avanti la lotta iniziata dalle nostre madri e dalle nostre nonne; lo dimostrano le loro parole; lo dimostrano le vostre». Virginia è ben lieta di questo. Ma le parole «tiranno» e «dittatore», tutte e solo maschili, ancora incombono. «E all'estero il mostro si è fatto piú audace. Non ci si può sbagliare. Ha ampliato il suo raggio d'azione. Ostacola ora la vostra libertà; vi impone come dovete vivere; opera distinzioni non solo tra i sessi, ma tra le razze. Ora voi provate sulla vostra persona quello che hanno provato le vostre madri quando furono escluse, quando furono imprigionate in quanto donne. Ora voi siete esclusi, ora voi siete imprigionati, perché siete ebrei, perché siete democratici, per ragioni razziali, per ragioni religiose».

Se comunque le donne non firmeranno il vostro manifesto né aderiranno alla vostra associazione pur condividendone il fine, spiega Woolf al suo interlocutore, è perché le differenze non possono essere cancellate e annacquate in un'identità fittizia. Si prenda la questione della patria. «Se tu insisti nel voler combattere per proteggere me o la "nostra patria", mettiamo bene in chiaro, a tu per tu, lucidamente e razionalmente, che tu stai combattendo per gratificare un istinto sessuale che io non condivido; per conquistare vantaggi che io non ho mai condiviso e probabilmente mai condividerò; e non per gratificare i miei istinti o per proteggere la mia persona o la mia patria». Per la semplice ragione, conclude fieramente Virginia, che «io in quanto donna non ho patria. In quando donna, la mia patria è il mondo intero».

Nel paragrafo successivo, Woolf torna a un timbro decisamente personale, in cui riaffiorano impalpabili ricordi infantili: «se poi, quando la ragione ha detto quello che aveva da dire, ancora rimane qualche ostinata emozione, qualche po' di amore per l'Inghilterra lasciato cadere nel suo orecchio di bambina dallo zirlare di un merlo sull'olmo, dal mormorio dell'onda sulla battigia, o da voci inglesi recitanti una filastrocca infantile, di questa goccia di pura, anche se irrazionale emozione, essa userà per regalare all'Inghilterra prima che ad altri il proprio desiderio di pace e di libertà per il mondo intero».

Pacifismo, femminismo e universalismo si saldano qui in modo irrevocabile. L'outsider, afferma perentoria Virginia, «si impegnerà a non prendere parte a manifestazioni patriottiche; a non dare il suo avallo ad alcuna forma di orgoglio nazionale; a essere assente da qualunque parata militare, torneo, carosello, premiazione o altre cerimonie che rinforzano il desiderio di imporre la "nostra" civiltà e il "nostro" dominio ad altri popoli».

Alla luce di quanto accaduto con le efferatezze dei peggiori totalitarismi del Novecento e con il rigurgito mai sopito di ogni nazionalismo, ivi compreso questo scorcio di nuovo secolo che stiamo vivendo, il discorso di Woolf non fa una grinza. Anche in quella specifica congiuntura, il suo sguardo, palesemente impolitico, vede di piú di quanto vedano gli «uomini», i «politici», e ci avverte di come il mostro fascista si annidi nella stessa concezione patriarcale e militarista coltivata anche nei paesi democratici: «Ora che il maschio ha considerato i suoi attributi in Hitler, lotterà contro di essi? Se lo farà, per la prima volta nella storia un sesso si rivolgerà contro le sue proprietà piú specifiche». E ancora, con analoga lucidità: «Nella guerra attuale si lotta per la libertà, ma la otterremo soltanto se distruggiamo gli attributi maschili, la violenza, l'idolatria del potere. È dunque compito della donna raggiungere l'emancipazione dell'uomo. È la sola speranza della pace».

Come non ammirare tale spericolatezza, tale audacia? Il desiderio di «trovare nuove parole e nuovi metodi»? Solo una outsider, tenuta ai margini dell'ordine di discorso imperante, può ambire a tanto. E di tale insegnamento proprio noi, i maschi, dovremmo essere grati a questa magnifica donna. Perché solo osservando il mondo da fuori, dall'altra sponda, dalla giusta distanza, ci è consentito – oggi piú che mai – di avere uno sguardo lucido e sgombro da pregiudizi e pigrizie mentali sulle cose. Solo l'outsider, solo chi «non fa banda», per riprendere il Goffredo Parise che cosí si riferisce al suo cane Petote (e ci risiamo con i miei mai sopiti amori canini), può preservare la propria autonomia di giudizio e quindi la propria libertà.

Ecco perché, nella variegata costellazione della diserzione, la figura dell'outsider è la piú matura, la piú plausibile, la piú efficace. E difatti è proprio ad essa, oltre a Woolf e con angolazioni diverse, che hanno guardato tanti grandi scrittori: da Melville a Kafka, da Pessoa a Herzen.

V

Torno per un momento a me. Torno ai miei trent'anni, quando la mia esistenza, in modo imprevedibile, fu segnata dal caso e si aprirono le *sliding doors* della vita. Alla fine degli anni '80 del secolo scorso vivevo a Milano, dove avevo ideato assieme a Rosellina Archinto (amica generosa e irripetibile editrice, che ancora praticava creativi azzardi culturali) una rivista che mi stava dando grandi soddisfazioni: «Leggere». Si trattava di un mensile letterario, e il lavoro mi impegnava, certo. Ma mi lasciava molto tempo libero, dandomi la possibilità di collaborare anche con altre testate, tra cui «l'Espresso» e «l'Unità». Finché, nel 1989, l'anno della caduta del Muro di Berlino, mi arrivò una proposta dal quotidiano «la Repubblica». Mi si chiedeva di andare a lavorare per quel giornale. Si trattava dunque di trasferirsi armi e bagagli a Roma; si trattava, insomma, di *impiegarsi*. L'incertezza era grande. Ad aumentare la quale c'era di mezzo una fulminante battuta che l'amico Emilio Tadini amava ripetere e che non riuscivo a togliermi di testa: «mi spezzo, ma non m'impiego». Comunque, alla fine, decisi di aderire alla proposta, complice anche un amore romano. Decisi cosí di compiere il grande salto. E fu un'avventura felice. Eugenio Scalfari mi offrí subito amicizia e simpatia e stima, doni che mi avrebbero accompagnato per decenni. E, appena arrivato, mi affidò un incarico di rilievo: un'inchiesta culturale di raggio europeo attorno ai giganteschi cambiamenti prodotti su scala planetaria giust'appunto dalla caduta del Muro.

Scalfari mi aveva dato carta bianca e io individuai le figure di intellettuali a mio giudizio piú interessanti con cui interloquire: Hans-Georg Gadamer, Ernst Jünger, E. M. Cioran, Octavio Paz, Alain Touraine, Isaiah Berlin.

Per quest'ultimo, in particolare, provavo un interesse speciale. Perché si stava già facendo largo una tesi, che consideravo piuttosto balorda, stando alla quale la fine del comunismo avrebbe aperto le porte a una lunga e felice stagione di trionfo assoluto del liberalismo capitalistico ben temperato. Neanche a dirlo, la storia si sarebbe presto incaricata di dimostrare quanto fosse folle quella previsione. E la biografia intellettuale di Berlin, in tal senso, offriva un esempio che calzava a pennello. Il suo scetticismo empirico da liberale *sui generis* (inviso per decenni tanto a destra quanto a sinistra), accompagnato da un impegno sociale a favore dei piú deboli, che non aveva nulla da spartire con i cantori sempre piú garruli e imperiosi del neoliberismo turbocapitalista, lo rendeva immune da tali fanciullesche fantasie. Ne ebbi la conferma varcando la porta di casa sua, nel centro di Londra. A due passi da Fortnum & Mason.

Ricordo quell'incontro come fosse ora. Per questo ne parlo al presente, quasi avessi Isaiah Berlin davanti agli occhi proprio adesso, mentre scrivo. Vedo un corpulento signore, naso immenso e immense orecchie, somigliante a una specie di vecchio elefante indiano, che mi parla. A grande velocità e con grande generosità. E intanto delinea con benevola attenzione le vicende sempre uguali, eppure sempre diverse dell'esistenza. Berlin è un conversatore di raro fascino. Comincia dosando magistralmente i ricordi di una vita trascorsa a contatto con alcuni tra i migliori cervelli del secolo – da Auden a Stravinskij, da Wittgenstein a Sacharov, dal Paṇḍit Nehru a Virginia Woolf, da Chaim Weizmann ad Aldous Huxley, da Boris Pasternak ad Anna Achmatova – alternandoli a riflessioni sempre acuminate sugli snodi centrali e irrisolti della nostra vita individuale e collettiva: libertà, democrazia, felicità, giustizia. Parole solenni, ma pronunciate con rara levità, e senza alcuna forma di aprioristica infatuazione.

Anche quando si arrampica sulle pareti di concetti tanto gravi, Berlin non dimentica mai di mettere a distanza l'oggetto che indaga. Mi è subito chiaro: il tratto scettico-ironico è consustanziale al suo carattere, al suo stile di vita. È come se non sopportasse *fisicamente* la pomposità e le vuote astrattezze in cui il pensiero filosofico-politico, soprattutto continentale, prima o poi finirà per impigliarsi. La profonda conoscenza della letteratura, russa in particolare, e le vicende, sovente tragiche, di cui è stato osservatore e protagonista, lo hanno reso fin troppo consapevole della complessità e della fragilità dell'essere umano, troppo attaccato all'irriducibile singolarità di ogni esistenza. Sí che sempre e comunque assumerà un tono irriverente e sospettoso verso i «pedanti salvatori dell'umanità», di destra e di sinistra, che quell'irregolarità individuale vogliono chiudere dentro astratti schemi che finiscono inevitabilmente per diventare camicie di forza.

La verità è che nella vita esistono valori diversi e spesso in conflitto tra loro. Per questo scegliere è sempre una condanna. «Lo dico sempre. Libertà e uguaglianza sono scopi perseguiti per secoli dagli uomini. Ma è noto: libertà totale per i lupi significa morte per gli agnelli. Una totale libertà per i potenti, per i capaci, non è compatibile col diritto che anche i deboli e i meno capaci hanno a una vita decente. Cosí come non sempre sono compatibili giustizia e misericordia. Diffido di chi dice che queste contraddizioni saranno risolte in un mondo perfetto in cui le cose buone possono ricomporsi in una armonia ideale. Mi sembra non solo irraggiungibile, ma anche un'incoerenza concettuale. È una ricetta che porta alla tragedia, anche se la fa propria il piú puro e sincero degli idealisti. Chi dice che si devono rompere le uova oggi per fare una omelette domani, le uova le rompe ma la omelette non la fa. E domani succederà altrettanto: uova rotte e di omelette nemmeno l'ombra...»

Quel mio unico incontro con Berlin, qui riassunto nei suoi tratti essenziali appoggiandomi al mio vecchio libro *Voci rubate*, avvenne a metà marzo del 1990. Sette anni dopo, a pochi passi dal fatidico 2000, quel grand'uomo sarebbe morto. Ma a vent'anni e passa di distanza dalla sua scomparsa, il ricordo per me rimane intensamente vivido. Non c'è dubbio: mi toccò nel profondo, insegnandomi una volta per tutte come la sinistra politica, nella cui storia e tradizione sono cresciuto, debba sempre e comunque difendere le sorti di ogni individuo, salvaguardandone libertà personale e diritti sociali e civili. Senza ricorrere mai a miraggi astratti e palingenetici.

Aggiungo, a conferma del valore di quell'indimenticabile pomeriggio passato insieme, che dopo aver pubblicato l'intervista, che apparve sulla «Repubblica», spedii l'articolo allo stesso Berlin, il quale mi rispose immediatamente con una lunga e affettuosissima lettera, che conservo come una reliquia, dove mi ringraziava per la cura e l'attenzione con cui avevo riferito il suo pensiero.

Unica obiezione: avevo insistito un po' troppo sul suo scetticismo. Sulla sua visione pessimistica del mondo. In realtà, se lo avevo fatto, non era soltanto perché ben ricordavo le sue parole («la vita è un caos senza speranza»), ma ancora di piú perché, fra i tanti doni che mi fece in quell'incontro, ci fu un nome che cadde nella conversazione e mi portò alla scoperta del suo indiscutibile maestro di vita e di pensiero: Aleksandr Herzen, aristocratico russo ottocentesco di rara finezza intellettuale e scetticismo, che da noi non ha mai avuto la fama che merita. Mentre Berlin, suo massimo esegeta, lo comparava giustamente ai coevi Marx e Tocqueville. Importante quanto loro, dichiarava senza dubbio alcuno.

Herzen era un «populista» *ante litteram* (pensate voi che fine atroce possono fare certe parole!) Era un intellettuale radicale, un appassionato liberal-socialista che combatté fino in fondo per i valori in cui credeva. Ma non le mandò certo a dire né ai liberali né ai socialisti, dopo l'esito disastroso delle rivoluzioni del 1848. Di qui il suo pessimismo politico, che non pregiudica comunque, anche nelle peggiori congiunture storiche, una via d'uscita individuale. Ai miei occhi talmente convincente da fare di lui il baricentro attorno a cui ruotano le pagine di questo mio libro.

L'assunto da cui parte Herzen è molto chiaro. Tutte le panacee sistematiche, le astrazioni generali che via via il potere – sia laico che religioso – si inventa, sono, al fondo, fraudolente. Indipendentemente dalla teleologia proposta: si chiami Progresso, Chiesa, Socialismo, Democrazia, Patria, Nazione, poco importa. Quelle parole *passe-partout* sono tutte fraudolente perché precostituiscono un "copione della storia" assolutamente inesistente (la trama infatti cambia ogni volta, e cambia nel suo farsi), mentre impongono l'immolazione del singolo individuo, che a quel fantasmatico copione dovrebbe attenersi. «Non ci sono fini remoti, non ci sono principî supremi o nomi astratti» che giustifichino la limitazione delle scelte personali o il contenimento di valori che, proprio perché in contrasto tra loro, vanno preservati a ogni costo. Un fine, per risultare plausibile, deve essere a portata di mano: «il salario dell'operaio o il piacere del lavoro compiuto», commenta l'Herzen chiosato da Berlin. Il quale cosí prosegue: nessun quietismo in lui, piuttosto «un temperamento impaziente, appassionato e ribelle» che lo rende davvero unico: «un rivoluzionario privo di fanatismo, un uomo pronto ai cambiamenti violenti nel nome non già di principî astratti, ma sempre di miserie e ingiustizie reali, di condizioni di vita cosí miserabili che al senso morale degli uomini non era lecito tollerarle».

Dopo aver assistito ai moti europei del '48, su tutti quelli di Parigi, Herzen scrive il libro piú importante e fascinoso della sua vita: *Dall'altra sponda*, dedicato al figlio Saša e ultimato nella sua veste definitiva, in russo, il 1° gennaio 1855. In quei sette anni, Herzen è passato da un iniziale entusiasmo a un pessimismo totale: «La vecchia Europa ufficiale, l'Europa visibile, non dorme – muore!» E lui non ha alcuna intenzione di restare «tutta la vita al capezzale del moribondo come eterno dolente».

Nel corso della permanenza parigina, Herzen non si è risparmiato. Anzi, al sogno di una società diversa e piú giusta ha regalato i suoi anni migliori. Ma ora che quel sogno si è definitivamente infranto e la nave ha fatto naufragio, bisogna comunque mettersi in salvo. «Per imbalsamare il defunto si troveranno molti maestri, e molti piú vermi pronti a vivere a spese della putredine. Lasciamo loro questo cadavere, non perché essi siano peggiori o migliori di noi, ma perché è questo che vogliono, mentre noi non lo vogliamo; perché di questo essi vivono, mentre noi ne soffriamo. Andiamocene liberi e disinteressati, ben sapendo che per noi non c'è eredità, e senza sentirne la mancanza».

Ed eccoci arrivati al punto che piú mi interessa: l'abbandono del campo di battaglia, la defezione, prima che fisica, morale: «Un tempo tale fiera rottura col mondo contemporaneo l'avrebbero chiamata *fuga* [...] ma a un uomo libero fuggire è impossibile, perché egli dipende soltanto dalle sue convinzioni, da null'altro, e ha il diritto di fermarsi o di andarsene. Non si tratta di fuga, ma di vedere se un uomo sia veramente libero. La parola "fuga" diventa inoltre ridicola oltre ogni dire se rivolta a chi abbia avuto la sventura di spingere un po' piú oltre lo sguardo, di andare piú avanti di quanto piacesse ad altri e non voglia tornare. Costui potrebbe dire agli uomini *à la Coriolano*: "Non siamo noi che fuggiamo, siete voi che restate"».

Il riferimento allude a una delle tragedie piú intimamente politiche di William Shakespeare, il *Coriolano* appunto, personaggio che dimostra un assoluto talento militare e una completa refrattarietà a qualsiasi ambiguo accomodamento politico. E infatti, messo alle strette dai tribuni, che intendono bandirlo da Roma, con imperturbabile orgoglio rovescia la minaccia: «I banish you», «sono io che bandisco voi». Perché «la vostra ignoranza», continua, «vi consegni, come i prigionieri piú turpi, a qualche nazione che vi soggiogherà senza colpo ferire. Disprezzando a causa vostra la città, le volto le spalle. C'è un mondo altrove».

Herzen, come il Coriolano shakespeariano, è mosso da una convinzione irrinunciabile: ogni uomo inventa la sua morale («fa anima», direbbe il poeta impolitico per eccellenza: Keats) e ad essa deve attenersi per perseguire la propria libertà. C'è dell'egoismo in questo? Certo che sí. Ma gli uomini sono egoisti perché coscienti della propria individualità; un senso di sé da coltivare fino in fondo e badando al proprio *inter-esse* che, come una volta per tutte ci ha insegnato Spinoza, si fonda proprio sulla relazione proficua con gli altri. Egoismo e socialità sono pertanto due facce della stessa medaglia, senza le quali non ci sarebbero «né storia né sviluppo, ma avremmo invece la vita sparpagliata delle bestie selvagge o una mandria di trogloditi addomesticati. Distruggete nell'uomo la socialità e otterrete un orangutan selvaggio; distruggete in lui l'egoismo e ne farete una pacifica pagnotta».

I due corni della questione, quindi, andrebbero armonicamente e liberamente combinati. Anche se, nei fatti, le cose non vanno sempre nel modo auspicato. «Ci sono epoche in cui l'uomo è libero in una causa comune». E in questi periodi, in verità piuttosto rari, «nessuno si tira indietro perché tutti credono». Non ha quindi senso, in tali frangenti, parlare di sacrificio perché tutto avviene in modo spontaneo, naturale.

Poi ci sono altri periodi, i piú frequenti, e piú «pacifici, perfino sonnolenti», in cui i rapporti dell'individuo con l'ambiente circostante si susseguono secondo l'abituale tran tran. Non mancano contrasti, e addirittura catastrofi, ma vengono riassorbiti nell'ordine costituito e in rapporti accettati che «restano saldi, si adagiano sull'abitudine, sull'incuria umana, sulla povertà del principio demoniaco della critica e dell'ironia». In quelle fasi prevalgono interessi affaristici e familiari; la stanca ripetizione delle generazioni in «un presente vissuto come transitorio», il che certo non offre la culla ideale a quell'individuo che vuole e deve creare la propria morale.

Infine, vi sono epoche di un terzo genere: le piú rare e dolorose. «Si tratta di epoche in cui forme sociali sopravvissute a se stesse si estinguono lentamente e pesantemente [...] ed ecco che l'individuo si scontra con la società. Il passato si presenta come un ostacolo irragionevole. Violenza, menzogna, ferocia, avido servilismo, limitatezza, la perdita di qualsivoglia sentimento di dignità umana diventano la regola generale della maggioranza. Tutto lo splendore del passato scompare, il mondo decrepito non ha piú fede in se stesso e si difende disperatamente perché ha paura; per istinto di conservazione dimentica i suoi dèi, calpesta i diritti su cui aveva poggiato fino ad allora [...] Gli uomini si sottomettono non solo per vigliaccheria, ma perché da una parte tutto è pericolante, nulla è risolto, nulla è pronto, a cominciare dagli uomini; dall'altra parte all'orizzonte si profila un avvenire ignoto, coperto di nubi, un avvenire che sovverte qualsiasi logica umana».

È a questo punto che l'uomo consapevole può trovarsi solo, e magari nella solitudine finirà per inselvatichirsi. A forza di starsene in disparte. Ma «forse che un uomo ha meno ragione perché nessuno è d'accordo con lui? Forse che la mente ha bisogno di un altro controllo se non quello della mente stessa? E con che diritto la follia generale può confutare la convinzione individuale?»

È finita l'epoca degli inganni e dell'ambiguità. Si prepara uno spettacolo terribile, inaudito: «la lotta di un uomo libero contro i liberatori dell'umanità». È doloroso tutto questo? Certo che sí. Perché «un uomo libero», forte nel pensiero e debole nell'azione, «può risultare del tutto inutile». Ma quando il mondo barcolla, altro non resta che fare appello alla nostra coscienza, alla nostra libertà, alla «nostra sovrana indipendenza».

Di qui le parole conclusive del ragionamento di Aleksandr Herzen, che da allora ho scelto a mio motto esistenziale: «Il giorno che gli uomini volessero salvare se stessi piuttosto che il mondo, liberare se stessi piuttosto che l'umanità, quanto farebbero in realtà per la salvezza del mondo e la liberazione dell'uomo!»

VI

La rotta è tracciata. E come accade con i grandi pensatori, concetti espressi quasi due secoli addietro dimostrano la loro perfetta tenuta ancora oggi. Perché ci indicano come, a seconda delle circostanze, l'individuo possa trovarsi naturalmente partecipe di una causa comune – neanche a dirlo, la situazione ideale –, oppure invischiato in uno stanco tran tran, o da ultimo in rotta con il proprio tempo, che attraverso le diverse catene di comando politiche e mediatiche invoca di continuo un richiamo all'appartenenza. Alla condivisione di una logica di schieramento. O di qua o di là.

Devo ringraziare proprio Herzen se oggi rivendico con orgoglio la mia dolorosa libertà di scelta. La mia riluttanza a schierarmi sempre, a tutti i costi. In qualunque circostanza.

Prendete il conflitto israelo-palestinese che è riesploso con inaudita violenza giusto nelle settimane in cui ho cominciato a mettere mano a questo libro. Dell'orrore provocato da Ḥamās con la sua azione mostruosa del 7 ottobre 2023; della sua disumana efferatezza, piuttosto che ripetere formule di circostanza, è opportuno trattenere in silenzio, nel nostro cuore, precisa memoria. Ma forse che il governo israeliano era ed è indenne da colpe non meno gravi lungo i decenni di occupazione dei territori palestinesi, colpe che sono culminate, a seguito della barbarie del 7 ottobre, nell'assedio totale di Gaza e nell'indicibile mattanza dei suoi cittadini, adulti e bambini, trattati alla stregua dei tagliagole di Ḥamās? Ecco che torna buono proprio Herzen, il quale, alla domanda su chi fosse meglio tra Luigi Bonaparte e il generale Cavaignac, rispose lapidario: «Sono peggio tutti e due».

Appunto per questo, d'istinto, da subito, non mi sono schierato né con Ḥamās né con il governo israeliano di Netanyahu. Perché *sono peggio tutti e due*. Mi sono schierato invece, e con tutto me stesso, con le vittime civili israeliane e palestinesi che hanno pagato e stanno pagando prezzi altissimi, per l'ennesima volta, a causa di una politica folle e cieca, disinteressata alle loro sorti. E incapace di prefigurare un orizzonte di pace e convivenza minimamente sensato.

L'ha spiegato benissimo in un testo scritto a caldo dopo il *pogrom* di Ḥamās e l'inizio dell'assedio totale di Gaza, il grande direttore d'orchestra ebreo Daniel Barenboim, che con l'amico palestinese Edward Said dette vita tanti anni fa a una iniziativa memorabile, la West-Eastern Divan Orchestra, in cui da allora suonano fianco a fianco musicisti arabi e israeliani: «L'umanità è universale e il riconoscimento, da entrambe le parti, è l'unica via. La sofferenza di persone innocenti da entrambe le parti è assolutamente insopportabile. Le immagini dei devastanti attacchi terroristici di Ḥamās ci spezzano il cuore. E la nostra reazione dimostra chiaramente una cosa: che la volontà di empatia con l'altro è assolutamente essenziale. Naturalmente, e in particolare in questo momento, non si può che accettare la nostra paura, disperazione e rabbia; ma nel momento in cui identificarci con l'uno ci porta a negare all'altro l'umanità, siamo perduti. Ogni singola persona può fare la differenza e trasmettere qualcosa. È cosí che si cambiano le cose su piccola scala. Su larga scala, dipende dalla politica».

Per concludere poi: «Ne sono convinto: gli israeliani avranno sicurezza quando i palestinesi potranno provare speranza, cioè giustizia».

Il testo di Barenboim è il piú limpido e lucido e onesto che io abbia letto in quelle terribili settimane. A ennesima dimostrazione che gli artisti, veri outsider della politica, possiedono una parola infinitamente piú potente e vera dei facondi analisti, giornalisti e politici che ci ammorbano da mane a sera. Magari cambiando tranquillamente opinione a seconda del tirare del vento. Senza contare, da ultimo, che nei laceranti passaggi d'epoca, come è sicuramente quello che stiamo vivendo, piú che seguire ossessivamente le contingenze quotidiane, bisognerebbe con calma e pazienza mettere l'orecchio a terra. Come facevano gli indiani dei fumetti. E prestare ascolto ai sommovimenti tellurici piú profondi dell'anima sociale.

La potenza profetica dell'anacronismo poetico, in tal senso, si rivela di gran lunga superiore a qualunque analisi sociologica, geopolitica ed economica *day by day*. Si pensi ai versi del 1919 contenuti in *The Second Coming* (*Il Secondo Avvento*) di William B. Yeats. Qui il poeta irlandese – ancora una volta, a dispetto di tante sue fumisterie cosmologiche e ombre politiche inquietanti, imposture da sottobosco culturale e astrusità teologico-esoteriche – si libera di tali «perniciose suggestioni», annota Giorgio Melchiori, e scolpisce in modo portentoso la nostra condizione: «Girando e rigirando nella spirale che si allarga | Il falco non può udire il falconiere; | Le cose crollano; il centro non può reggere; | Mera anarchia è scatenata sul mondo; | La corrente torbida di sangue è scatenata, ovunque | Il rito dell'innocenza è sommerso; | Ai migliori manca ogni convinzione, mentre i peggiori | Sono pieni di appassionata intensità».

VII

Quando ero ragazzo, la fascinazione per l'Oriente era alle stelle. E come sempre accade con le mode, in quella attrazione c'era assieme qualcosa di sensato e profondo, ma anche di terribilmente vago, superficiale. A mettere d'accordo tutti quanti in quell'innamoramento collettivo, fu un libro che divenne rapidamente un *must* irrinunciabile: *Siddharta* di Hermann Hesse, autore che avrebbe poi pagato i costi di quell'enorme successo: dopo essere stato idolatrato, venne infatti parzialmente rimosso, anche a vantaggio della piú rigorosa *Kulturkritik* di matrice francofortese. Eppure quello scrittore aveva e ha a tutt'oggi molte frecce all'arco della sua variegata e prolifica opera, frecce che non si esauriscono certo con la fiammata orientalista degli anni '60-'70 del secolo scorso.

Penso, tra gli altri, a *Il lupo della steppa*, che avevo già letto, ma che ho ripreso in mano giusto adesso, suggestionato da uno strano libro, ricchissimo quanto inconcludente, che rappresentò a sua volta un enorme successo *underground* sul finire degli anni '50. Si intitola proprio *L'outsider* – a ripescarlo meritoriamente in Italia è stato l'editore Atlantide – e l'autore era un irregolare di talento, l'inglese Colin Wilson, narratore e studioso dell'occulto. Il quale, con questo suo primo libro affascinò i lettori di mezzo mondo e tante, tantissime celebrità, tra cui un giovanissimo David Bowie.

La prima cosa che colpisce in questa lunga cavalcata artistico-filosofico-letteraria da Kafka a Van Gogh, da Blake a Gurdjieff, da Dostoevskij a Hemingway, da Keats a Nietzsche, è una dimenticanza.

In ben trecento e ottanta pagine di testo, infatti, non una sola volta viene citata Virginia Woolf, che pure della figura dell'outsider è madrina riconosciuta. Fa niente. Il libro di Wilson ha altri meriti. Certo, non è affatto chiara la teoria di fondo che lo sostiene, ma in compenso si offre come autentica miniera di informazioni, intrecci, rimandi. Tanto che gli devo, per l'appunto, la proficua rilettura del *Lupo della steppa*, in cui si narra la vicenda di Harry Haller, un uomo di mezza età, solitario e malmostoso, che vive con dolorosa teatralità la sua scissione interiore tra la dimensione spirituale e sublime, propria dell'essere umano teso all'assoluto, e quella ferina e selvatica, propria del lupo. Dimensioni in uno stato di perenne e mortale inimicizia reciproca: «e quando in un sangue e in un'anima ci sono due nemici mortali, la vita è un guaio». E, aggiungo io, la schizofrenia è assicurata.

Basti prendere in considerazione il rapporto di Harry con la cosiddetta vita borghese. Lui non sa cosa siano la patria, la casa, la famiglia. Non ha obblighi, né vanta ambizioni sociali di sorta. È un solitario, «un eremita malato» senza norme da rispettare. In teoria, odia i borghesi e la loro *way of life*. In compenso, possiede un bel deposito bancario, e per quanto si vesta senza ricercatezza, si presenta sempre con abiti piú che decenti, cercando di vivere in armonia con le autorità costituite, nel tentativo di evitare ogni possibile impiccio, ogni possibile rogna. Di piú: qualche antica e segreta nostalgia lo spinge di continuo «verso il piccolo mondo borghese, verso le case tranquille e decenti coi giardinetti ben curati, con le scale pulite e la loro modesta atmosfera di ordine e di vita ammodo». Qualcosa dunque non torna nel suo dichiarato inselvatichimento, come fa acqua da tutte le parti quella sua fanciullesca autoanalisi a proposito di una personalità dimidiata, tagliata in due come una mela: da una parte «l'uomo» e dall'altra «il lupo».

A mettere il dito nella piaga è un anonimo e perspicace trattatello sull'outsider (già, proprio sull'outsider) finito misteriosamente nelle mani del protagonista del romanzo. Quasi che Hesse sentisse il bisogno di mettere in scena un *alter ego*, un ventriloquo autoriale, per dirimere con maggiore distacco ed efficacia l'aggrovigliata questione.

La borghesia (da intendersi oggi nell'accezione onnipervasiva di «piccola borghesia planetaria»), viene considerata in queste pagine come un modo di essere, come «una condizione immanente dell'umanità». Niente di piú che «un tentativo di equilibrio, l'aspirazione a una via di mezzo» che comunque salvaguardi sempre l'Io. Temperando qualunque eccesso di vitalità, con i connessi rischi di portare quell'Io all'ipertrofia o, per converso, allo svuotamento, alla dissoluzione. «Per sua natura dunque il borghese è una creatura di debole slancio vitale, paurosa, desiderosa di evitare rinunce, facile da governare. Perciò ha sostituito al potere la maggioranza, alla violenza la legge, alla responsabilità la votazione. È evidente che questo essere debole e timido, anche se esistesse in numero enorme, non può reggersi e che per le sue qualità non potrebbe avere nel mondo altra parte che quella di un gregge di agnelli in mezzo ai lupi in libertà».

Già, ma allora come si spiega che tale *modus vivendi* non scompaia, ma al contrario finisca perlopiú per rafforzarsi? «Né il gran numero del suo gregge né la virtú né il buonsenso né l'organizzazione avrebbero forze sufficienti per salvarlo dalla rovina. Chi è indebolito inizialmente nell'intensità di vivere, nessuna medicina al mondo può tenerlo vivo. Eppure la borghesia vive, è forte e prospera. Perché? Ecco la risposta: per via dei lupi della steppa. Difatti la forza vitale della borghesia non si fonda sulla qualità dei suoi membri normali, bensí su quelle degli outsider straordinariamente numerosi che essa per l'elasticità e la nebulosità dei propri ideali è in grado di abbracciare».

Con una imprevista torsione, l'anonimo e indefinibile trattatello depotenzia cosí tutta la tragicità romantica ed esibita che Harry si autoattribuisce, finendo addirittura per affidare all'outsider il ruolo di puntello vitale per una «società borghese» sempre piú povera di spirito ed energie. «Harry, il nostro lupo della steppa, ne è un esempio caratteristico. Pur essendo sviluppato come individuo oltre le possibilità del borghese, pur conoscendo la voluttà della meditazione come anche le tetre gioie dell'odio e del disprezzo di se stesso, pur considerando vili la legge, la virtú e il buonsenso, egli è un forzato della borghesia e non può sfuggirle. Cosí intorno al nucleo della borghesia genuina si depositano larghi strati dell'umanità, migliaia di vite e di intelligenze, ognuna delle quali avrebbe già superato la borghesia e sarebbe chiamata a vivere nell'assoluto, ma, attaccata alla borghesia con sentimenti infantili e contagiata dalla sua debole intensità di vita, permane in qualche modo nella borghesia e continua a esserle soggetta, obbligata e asservita. Per la borghesia, infatti, vale il contrario di quanto vale per i grandi: chi non è contro di me, è con me».

Harry, punto sul vivo, non reagisce affatto bene alla lettura del libello. È stata smontata pezzo a pezzo quella sua bislacca teoria sulla dualità interiore, con l'invito serrato a riconoscere piuttosto l'infinita molteplicità di voci che albergano nell'anima di qualunque creatura. Compresa la sua. E, parallelamente, gli evidenti cedimenti quotidiani al vivere borghese hanno messo in luce quelle opacità e prudenze e compromessi che allontanano definitivamente qualunque possibile pronunciamento di sapore superomistico.

Eppure, con malizia e intelligenza, l'*alter ego* di Hesse offre nella sua riflessione sull'outsider una via d'uscita al povero Harry. Magari meno eroica, ma senz'altro concreta, plausibile. Che si affida a un sentimento opposto all'autocommiserazione tragica e suicidaria del nostro eroe, che ambirebbe a un assoluto, quale che sia, impossibile da raggiungere.

Tale via d'uscita ha un nome sorprendente: *umorismo*. «Chi è posseduto da Dio può benissimo accettare il delinquente e viceversa, ma a tutti e due, come a tutti gli assoluti, è impossibile accettare ancora quel sapore medio e neutro che è la borghesia. Soltanto l'umorismo, la stupenda invenzione di chi si vede troncata la vocazione alle cose piú grandi, l'invenzione dei tipi quasi tragici, degli infelici dotati di massima intelligenza, soltanto l'umorismo (la trovata forse piú singolare e piú geniale dell'umanità) compie l'impossibile, illumina e unisce tutte le zone della natura umana alle irradiazioni dei suoi prismi. Vivere nel mondo come se non fosse il mondo, rispettare la legge e stare tuttavia al di sopra della legge, possedere come se non si possedesse, rinunciare come se non fosse rinuncia: tutte queste esigenze di un'alta saggezza di vita si possono realizzare unicamente nell'umorismo».

Questo improvviso abbassamento di tono (che poi a ben vedere tale non è) si rivela quanto mai salutare. E non soltanto per l'outsider, l'apostata, il disertore sociale, il cane sciolto. Ma per chiunque abbia un po' di sale in zucca. E intenda fare affidamento sull'umorismo e l'ironia per tenere a bada qualunque sicumera e tetragono convincimento. E dunque qualunque rischio di fanatismo, sentimento nel quale lo scrittore israeliano Amos Oz individuava la malattia piú pericolosa del nostro tempo. Capace di annidarsi ovunque. Di manifestarsi nelle situazioni piú prossime e impensate.

Incontrai Amos Oz una trentina di anni fa a casa sua, nel deserto del Negev. Bello come un attore hollywoodiano *d'antan*, senza un'ombra di narcisismo, Oz sapeva perfettamente di incarnare la parte del traditore. Né avrebbe potuto essere altrimenti, precisava, per chi svolga la professione di scrittore. Il quale, facendo leva sull'immaginazione, è portato a indagare di continuo le ragioni altrui, riconoscendo cosí la costitutiva ambivalenza della realtà. Una ambivalenza tanto piú evidente sulla scena mediorientale, come scrive nelle conferenze tenute a Tubinga nel 2001 e poi raccolte in un prezioso libretto dal titolo *Contro il fanatismo*. «Nel conflitto tra ebrei israeliani e arabi palestinesi non ci sono "buoni" e "cattivi" [...] Non è una lotta tra bene e male, la considero piuttosto una tragedia antica, nell'accezione piú precisa che la parola assume: lo scontro tra un diritto e un altro, fra una rivendicazione profonda, pregnante, convincente, e un'altra assai diversa ma non meno convincente, pregnante, non meno umana». Da qui la necessità di un «doloroso compromesso» tra i due contendenti, che spinse Amos Oz, in grande anticipo sui tempi, a sposare posizioni pacifiste in direzione della soluzione dei «due popoli, due Stati».

Era il 1967, piú precisamente subito dopo la spettacolare vittoria israeliana nella guerra dei Sei giorni. Decisamente il momento «meno adatto» per avanzare una proposta come quella, che infatti fu accolta da tanti suoi concittadini «non solo come tradimento, ma anche come una manifestazione di totale idiozia». Senza contare poi che, col passare del tempo, le critiche sarebbero piovute su di lui anche dall'altro fronte: «non sono mai riuscito a "soddisfare" pienamente i miei amici arabi, perché considerano la mia posizione non sufficientemente radicale, non propalestinese e proaraba militante».

Insomma: chi affonda nell'ambivalenza, nell'ambiguità del reale, si mette perciò stesso in una situazione complicata. A sorreggerlo può essere soltanto una passione indomita per l'indipendenza intellettuale, a dispetto di ogni aprioristica appartenenza. Sta a dimostrarlo ulteriormente il fatto che lo scrittore israeliano si è sempre distinto anche rispetto a quello che lui chiamava «il pacifismo romantico» di stampo europeo.

Nel corso degli anni Amos Oz ebbe modo di combattere due volte: sul fronte egiziano, nel 1967; e su quello siriano, nel 1973: le esperienze piú orribili della vita, per sua stessa ammissione. Ma, sempre nelle conferenze di Tubinga, afferma a chiare lettere: «Se mi capitasse ancora di sentire che il mio Paese corre il serio rischio di essere cancellato dalla faccia della Terra e il mio popolo massacrato, combatterei nuovamente, benché sia ormai vecchio. Ma lo farei soltanto nel caso fosse una questione di vita o di morte, o nel caso che mi accorgessi che qualcuno sta tentando di trasformare me o il mio prossimo in uno schiavo. Non combatterei invece mai – piuttosto andrei in prigione – per del territorio. Non combatterei mai per una camera da letto in piú per la nazione. Non combatterei mai per dei luoghi santi o dei siti santi. Non combatterei mai per dei cosiddetti interessi nazionali. Ma combatterei eccome, combatterei forsennatamente per la vita e per la libertà. Per null'altro».

Se si vuole indagare con coraggio e onestà intellettuale la vertiginosa e inestricabile questione pace-guerra, non si può non prendere in seria considerazione una posizione netta, dura e comprensibilissima come questa. La posizione di chi, paradossalmente, si autodefiniva «combattente per la pace», e in piú di una occasione aveva patito, su entrambi i fronti, l'accusa di essere per l'appunto un «traditore patentato».

Per raggiungere il tanto agognato e «doloroso compromesso» tra palestinesi e israeliani, una sorta di «divorzio equo [...] nello stesso alloggio», l'autore di *Una storia di amore e di tenebra* sosteneva che il nemico da sconfiggere, il piú pericoloso in assoluto, fosse il fanatismo. Ogni fanatismo. Politico, religioso, mentale. Contro il quale, a suo dire, i contravveleni piú efficaci continuano a essere: *in primis*, l'esercizio dell'immaginazione di cui già si è detto, al quale si accompagna, in seconda istanza, la convinzione che ciascuno di noi è «una penisola», per metà legato alla terraferma della propria tradizione e lingua e cultura, mentre «l'altra metà chiede di essere lasciata sola, di fronte all'oceano», impedendo cosí che si cada nella mostruosità di vedere nell'altro, nel diverso, soltanto un nemico da combattere.

Infine, il terzo, decisivo contravveleno del fanatismo viene individuato, guarda caso e di nuovo, proprio in quell'umorismo cosí ben delineato da Hermann Hesse nel suo *Lupo della steppa*. Oltre che da Giovannino Guareschi, il compagno di prigionia tanto ammirato da mio padre.

«In vita mia», scrive ancora Oz, «non ho ancora visto un fanatico dotato di senso dell'umorismo, e non ho nemmeno mai visto una persona dotata di senso dell'umorismo diventare un fanatico, a meno di non perdere il senso dell'umorismo. I fanatici sono spessissimo sarcastici. Alcuni di loro hanno un profondo senso del sarcasmo, ma niente spirito. L'umorismo implica la capacità di ridere di se stessi. L'umorismo è relativismo, è la facoltà di vederti cosí come potrebbe vederti il prossimo. È il rendersi conto che, a prescindere da quanto tu sia retto e da che torti tremendi tu abbia subito, esiste immancabilmente un risvolto che è un poco buffo. E che piú sei integerrimo, piú buffo diventi. E per questo puoi essere un israeliano dalla parte della ragione, un palestinese dalla parte della ragione, chicchessia dalla parte della ragione, ma fintanto che il tuo senso dell'umorismo tiene, sei almeno in parte immune dal fanatismo».

VIII

Procediamo. Se si prende in esame il terribile trittico che lega tra loro potere, violenza e guerra, le donne dimostrano sempre e comunque di avere una chiarezza e una libertà mentale superiori a quelle degli uomini. Forse proprio in virtú del fatto che incarnano *naturaliter*, anche non volendolo, la figura dell'outsider? Ovvero di chi, tenuto fuori per secoli dai giochi di potere, può osservarne meglio la natura piú profonda e diabolica, dimostrando al contempo di saper rovesciare la propria discriminazione in *atout*?

Si prenda Simone Weil. Nel suo saggio *Non ricominciamo la guerra di Troia*, scritto nel sanatorio svizzero di Montana nel 1937, dopo la disperante esperienza fatta nella guerra di Spagna come miliziana delle forze antifranchiste, scrive: «È un dato di fatto che nel corso della storia umana i conflitti piú feroci siano stati quelli privi di un obiettivo». Che sia riconoscibile, perseguibile, fattuale.

Appunto. E non è proprio questo il primo problema del nuovo, pericolosissimo disordine mondiale in cui siamo finiti? Con la presenza sempre piú numerosa di Potenze, alcune delle quali tanto inedite quanto temibili, che si affianca al lento decadimento dei grandi Imperi, mentre la nostra amata, vecchia Europa impallidisce e si estenua nell'inerzia piú totale? Magari condita da improbabili e avventate fiammate belliciste. «Quando ci si contende una posta in gioco determinata», prosegue Weil, «si possono mettere sul piatto della bilancia i valori della stessa e i possibili costi del conflitto [...] Ma quando la contesa è priva di obiettivo non esiste piú una misura comune, non c'è equilibrio né proporzione, la comparazione è impossibile, il compromesso inconcepibile».

Le azioni limitate ed efficaci lasciano spazio cosí a parole altisonanti e irreali, che solo l'irrazionalità della natura umana può perseguire con ardore: «Un'irrazionalità ancora maggiore di quella che vide contrapposti Greci e Troiani. Se non altro al centro della guerra di Troia c'era una donna, per di piú una donna di estrema bellezza. Per i nostri contemporanei il ruolo di Elena spetta a parole ornate di maiuscole. Se afferriamo una di queste parole rigonfie di sangue e lacrime per cercare di stringerla la troveremo vuota».

La verità, suggerisce Weil con una intuizione che vale ancora oggi, è che abbiamo perso le nozioni di «limite», «misura», «proporzione».

Contro il nemico, una volta che lo si è trasformato in «Bestia dell'Apocalisse», si deve per forza combattere una guerra totale: Bene *versus* Male. Vestire i panni dell'altro, a questo punto, diventa inconcepibile – visto che entrambe le parti in lotta si affrontano in maschera, trasformate dalle proprie paure in entità fantasmatiche, assolute. E vuote. Quelle stesse a cui faceva riferimento Herzen, e che al tempo di Weil si traducono in nuove parole d'ordine: «nazione, sicurezza, capitalismo, comunismo, fascismo, ordine, autorità, proprietà, democrazia». Princìpî evocati in generale, mai contestualizzati e calati in una precisa realtà. Con il carico di inevitabile chiaroscuro che questo comporta.

Curioso, no? Proprio la "mistica" Simone invita noi, «machiavellici disincantati», a recuperare quell'atteggiamento empirico e razionale che sembriamo aver smarrito. Qual è l'obiettivo che si intende raggiungere con un determinato conflitto? E quali sono le parole che lo animano? Che lo motivano? Che lo sostengono? L'«estremista», la «santa», la «marziana», risulta piú fattiva e concreta di qualunque potente (vero o presunto) del pianeta: «abbiamo un problema da risolvere e non una fatalità da subire».

Se Weil scrive quel sorprendente saggio sulla guerra di Troia, e l'ancora piú potente scritto sull'*Iliade* quale «poema della forza», è perché percepisce chiaramente lo stato di «irrealtà» in cui i crescenti conflitti fanno precipitare il mondo. E tutto questo grazie a parole false, «omicide». Prive di senso e contenuto: «Quest'epoca si vanta di essere tanto avanzata nella tecnica, e poi si batte con dei mulini a vento!» Il Bene contro il Male, la Democrazia contro la Dittatura, e poi ancora la difesa della Patria, della Nazione, dei Tradizionali Valori Occidentali, eccetera eccetera. Ma può essere che un pensiero tanto raffinato come quello moderno, capace di sottigliezze mirabili in ambito tecnico-scientifico, si faccia abbindolare dalla grossolanità di tali simulacri senza badare alla vita quotidiana di quanti soccombono a causa dello strapotere di questi «miti», di questi «mostri»? Eppure, chiunque può capire che «coloro a cui male è fatto | male faranno in cambio», direbbe Auden.

Di fronte a una violenza sempre piú pervasiva, e a una guerra totale che rende l'uomo «cosa», Weil non vede vie d'uscita. Ma continua, in solitudine, a pensare. Se sceglie la solitudine è perché sceglie la scrittura: solitudine e scrittura si alimentano allo stesso fuoco. Del resto, Weil non scrive per farsi un "nome" o per rincorrere l'"Opera". Esattamente al contrario, scrive per scomparire. L'opera piú bella, sostiene, è quella in cui l'autore si esprime autoannullandosi.

Lo stesso vale per la sua scelta di povertà. Solo rinunciando a ogni privilegio, solo mettendosi dalla parte degli sventurati, solo conoscendo lo sradicamento, solo rifuggendo dalla menzogna insita nella nostra società, sarà possibile avvicinarsi a quel modo «impersonale» di esistenza che lei sente come giusto e proprio. L'unica strada per osservare e comprendere, con il necessario distacco, «la cosa in sé».

E quindi, per tornare al tema piú bruciante: la guerra. Quanto va spezzato, secondo Weil, è il connubio inestricabile tra «prestigio» e «potere». Laddove «ogni conquista di prestigio» si trasforma automaticamente in «minaccia al prestigio o alla dignità altrui». Questa è la logica perpetua del potere, il volano che spinge irresistibilmente verso l'esercizio della forza e della violenza. Pertanto, in ultima istanza, della guerra. «Ci troviamo di fronte a un vicolo cieco dal quale l'umanità sembra non possa uscire se non grazie a un miracolo. Ma la vita umana è fatta di miracoli. Chi crederebbe mai che una cattedrale gotica possa stare in piedi se non lo constatassimo tutti i giorni? Per il fatto stesso che non c'è sempre la guerra, non è impossibile che ci sia per sempre la pace. Un problema, se posto con tutti i dati reali, è vicino alla risoluzione. Il problema della pace internazionale e civile non è mai stato posto in questo modo».

IX

Sorella d'elezione di Simone Weil è Hannah Arendt. Tutt'affatto diversa da lei, non foss'altro perché, mentre la prima è marchiata da un *guignon*, da una sventura di cui paradossalmente sembra andare in cerca mettendosi sempre dalla parte degli umiliati, dei sommersi, degli ultimi, Arendt invece, per quanto attraversi non una, ma mille volte l'inferno, è baciata comunque dalla fortuna. Come lei stessa riconosce.

Quanto lega le due donne, però, è qualcosa di piú profondo di ciò che le divide. Entrambe pensano "da sole", al modo tipico dell'outsider. La loro vita mentale, per usare le parole di Arendt, non conosce «balaustre» di sorta a cui appoggiarsi. Solo cosí, pensando senza balaustra, senza rete, senza protezione, si potrà compiere quel salto che ci rende davvero e fino in fondo umani: assumere il punto di vista dell'altro. Fare nostro quel «doppio sguardo» che ci consenta di vedere e capire meglio la realtà nella sua inestricabile complessità. E ambivalenza.

A differenza di Weil, però, Arendt interroga ancora la politica nella speranza che essa possa offrirsi, malgrado tutto, come campo di sperimentazione ideale della fratellanza universale. Ma lo fa con una radicalità impressionante, che ci lascia senza fiato. Disarmati. «La politica si fonda sul dato di fatto della pluralità degli uomini. Dio ha creato l'Uomo, gli uomini sono un prodotto umano, terreno, il prodotto della natura umana». La politica dunque, almeno in teoria, dovrebbe occuparsi della «convivenza e comunanza dei diversi». Perché allora il primo tratto della politica contemporanea (e stiamo parlando, badate bene, di un saggio degli anni '50 del secolo scorso) è diventato un diffuso quanto motivato pregiudizio verso la politica medesima? Non è difficile capirlo. Perché il governo di questa convivenza tra diversi scolora sempre piú, mentre monta l'impotenza del singolo cittadino, che non si sente piú «soggetto attivo» della comunità. A maggior ragione, a fronte di una politica estera che oscilla continuamente tra «vuota propaganda» e «nuda violenza».

Alla luce di tutto questo, e delle infinite sciagure che la politica ha procurato lungo tutto il Novecento, e oltre, fino a portare ripetutamente il genere umano in prossimità di una possibile autodistruzione, «la nostra domanda è dunque molto piú radicale, molto piú aggressiva, e anche molto piú disperata: la politica ha ancora un senso?»

Non è forse la medesima domanda che si fanno oggi tanti "cani sciolti" (perlopiú giovani) in ogni angolo del pianeta? Perfino in quegli Stati democratici che si affidano a procedure stanche e inani, incapaci di coinvolgere e appassionare masse sempre piú estese di popolazione. Che infatti, a torto o a ragione, abbandonano tali procedure a gambe levate.

Va aggiunto però che la domanda di Arendt se ne porta appresso un'altra, opposta e speculare: se la politica genera al fondo autodistruzione, *cupio dissolvi*, o piú semplicemente sfiducia e indifferenza, si può vivere decentemente, e in pace senza la politica? E, se sí, come?

La riposta della studiosa ebreo-tedesca è perentoria, terribile e apodittica: no, non si può. Ne discende che «se la politica è foriera di sciagure e non è possibile abolirla, non rimane appunto che la disperazione, oppure la speranza che il diavolo non sia poi cosí brutto come lo si dipinge: una speranza un po' stolta nel nostro secolo, dato che fin dalla prima guerra mondiale abbiamo dovuto constatare come ogni diavolo presentatoci dalla politica superasse di gran lunga in bruttezza la fantasia di qualunque pittore».

In breve, siamo finiti in trappola. Si fa sempre piú fatica a pensare la politica quale primo, indispensabile baluardo a «salvaguardia della libertà», come volevano gli Antichi. Oppure, in riferimento all'Età moderna, che il politico rappresenti un *medium* sia teorico che pratico per «proteggere il sostentamento della società e la produttività del libero sviluppo sociale».

Ma c'è di peggio, insiste Arendt. Forse lo sconcerto maggiore sta nel verificare come il politico odierno «minaccia proprio ciò che nell'opinione dell'Età moderna costituisce la sua ragion d'essere: la possibilità di vita in quanto tale, e per di piú dell'umanità intera. Se è vero che la politica non è altro che un male necessario alla sopravvivenza dell'umanità, allora essa ha davvero iniziato a togliersi di mezzo, in quanto il suo senso si è bruscamente capovolto in insensatezza».

Non c'è nulla di astratto, di intellettualistico, in tale affermazione. È un dato di fatto di cui «possiamo renderci conto ogni giorno, se ci sforziamo di non limitarci a leggere i giornali ma, indignati dal vicolo cieco in cui si dibattono tutti i problemi politici importanti, ci domandiamo in che modo sarebbe possibile, nelle circostanze attuali, fare meglio».

L'unica possibilità di uscirne, come aveva detto in un contesto analogo Simone Weil, è il *mi-*

racolo. Ma un miracolo che non ha nulla a che vedere con fenomeni religiosi, ultraterreni. O di mera superstizione popolare. A ben pensarci, infatti, «l'intero quadro della nostra esistenza reale (l'esistenza della terra e della vita organica su di essa, l'esistenza del genere umano) si fonda su una sorta di miracolo». Che è poi, curiosamente, la stessa tesi adombrata dall'ultima commedia di Woody Allen, *Un colpo di fortuna* (2023).

«Dal punto di vista dei processi universali e delle probabilità statistiche che vi regnano», continua Arendt, «già l'origine della terra rappresenta infatti una "infinita improbabilità"». Il che dimostra come «ogni volta che accade qualcosa di nuovo, questo qualcosa si insinua nel contesto dei processi calcolabili in modo imprevisto, incalcolabile, e in ultima analisi inspiegabile per via casuale: proprio come un miracolo».

Ogni inizio insomma, al di là della fede di carattere religioso, è in sé un miracolo. Ivi compreso l'inizio originario della politica come spazio deputato alla libertà. «Quindi, se aspettarsi miracoli è conforme al vicolo cieco in cui è incappato il nostro mondo, tale attesa non ci pone affatto al di fuori della sfera politica originaria. Se il senso della politica è la libertà, ciò significa che in quello spazio, e in nessun altro, abbiamo il diritto di aspettarci dei miracoli. Non perché crediamo ai miracoli, ma perché gli uomini, finché possono agire, sono in grado di compiere l'improbabile e incalcolabile e lo compiono di continuo, che lo sappiano o no».

Se dunque Weil cerca il miracolo della pace, Arendt, a sua volta, insegue il miracolo di una politica ancora tesa alla libertà. Per terza, Ingerborg Bachmann aspira al miracolo in poesia, confidando nella sua capacità di immaginare l'inimmaginabile: «Schiavo del mondo, tu sei gravato di catene, | ma quel ch'è vero nel muro apre le crepe. | Vegli e nel buio vai scrutando intorno, | a ignota via d'uscita tu sei volto».

Tutte e tre queste donne, pertanto, pensano e immaginano un'altra realtà. Diversa e piú giusta. Ma, neanche a dirlo, in un mondo che appare irrimediabilmente «guasto», e purtuttavia vede lo strapotere di una *Realpolitik* d'accatto che accetta il peggio del peggio, riproponendo a ogni momento lo stantio ritornello del «reale come razionale», chiunque pensa e immagina qualcosa di diverso e non accetta la realtà cosí com'è, rientra immediatamente nel novero delle "anime belle".

X

È quanto è accaduto anche ad Albert Camus, che fa parte a pieno titolo della nostra comunità di solitari: fu la figlia Catherine, nell'album a lui dedicato, a definirlo con un'icastica e puntualissima immagine, a noi già familiare, «solitario y solidario».

Se Camus compare proprio ora, in questo preciso punto del nostro tragitto, non è affatto per caso, visto il legame intensissimo che lo intreccia al pensiero di Simone Weil, che non incontrò mai di persona, ma la cui opera, quando finalmente ne venne a conoscenza in terra americana grazie a un altro amico di questo libro, Nicola Chiaromonte, letteralmente lo rapí. Tanto da concentrare la sua successiva attività editoriale da Gallimard proprio nella sistematica pubblicazione dei testi piú importanti di una donna che elesse, *ex post*, a sua somma maestra: «il *solo* spirito nobile del nostro tempo».

Basta leggere la sua conferenza *La crisi dell'uomo*, scritta nel 1946 durante la traversata verso l'America, dove era stato invitato dall'ufficio culturale del dipartimento degli Affari esteri, quindi quando ancora non conosceva né l'opera né l'esistenza di Weil, per capire i motivi di tale sintonia.

È finita la guerra e a New York, ad aspettare Camus sulla banchina del porto, c'è il vecchio amico Chiaromonte. I due si erano conosciuti ad Algeri nell'aprile del '41, dove lo scrittore franco-algerino era già una celebrità tra i giovani artisti e intellettuali indigeni, e dove Chiaromonte era arrivato profugo dalla Francia. Quei ragazzi, che passavano giornate intere a discutere in spiaggia e poi le serate a ballare e cantare, o facendo teatro, riscalderanno il cuore del profugo italiano: «bisogna essere stati soli e randagi, per conoscere il valore dell'ospitalità».

Per quanto poco loquace, anzi decisamente laconico, Camus conquisterà da subito lo studioso italiano: «era tutto occupato da un solo pensiero [...] che si era giunti all'anno zero dell'uomo, che la storia era insensata e solo ciò che dell'uomo rimaneva fuori dalla storia, esterno, estraneo, impenetrabile al turbine degli eventi, aveva un senso; se, tuttavia, esisteva».

Adesso, passati quasi cinque anni dal loro incontro in terra d'Algeria, nel vederlo scendere dalla nave, Chiaromonte ha l'impressione che quello scrittore ormai famoso in mezzo mondo venga «dritto da un campo di battaglia»; ne porta in viso «la fierezza e la tristezza». Camus ha combattuto e vinto. Ha pubblicato *Lo straniero*, *Il mito di Sisifo*, *Caligola*. E «ha conquistato il suo posto nella scena del mondo». Ma Chiaromonte è uomo troppo fine per dare eccessivo credito all'idea banale e corriva del successo. Al modo di Keats, lui pensa che il vero successo non si misura sulla base della gloria mondana (*success*), bensí della realizzazione (*achievement*) piú intima e personale; dunque grazie alla maturazione della propria coscienza. E una coscienza matura, per essere davvero tale, dovrà contemplare l'idea stessa di fallimento, consustanziale all'essere umano secondo il folgorante invito di Samuel Beckett: «Tentare di nuovo. Fallire di nuovo. Fallire meglio».

Questa è l'unica "vittoria", per quanto amara e paradossale, plausibile. E, secondo Chiaromonte, Camus ne era perfettamente consapevole, quando «era riuscito a dire, in un suo modo febbrile e con un discorso continuamente teso come su un filo di rasoio, perché, malgrado il furore e l'orrore della storia, l'uomo è un assoluto, e a indicare con esattezza dove fosse, secondo lui, questo assoluto: nella coscienza, anche se chiusa e muta, nel tenere fede a se stesso, anche se condannato dagli Dèi a ripetere in eterno la stessa vana fatica».

Camus ricambia l'ammirazione che Chiaromonte generosamente gli offre, con le parole pronunciate nella conferenza tenuta il 28 marzo alla Columbia University. Alla domanda se esista o meno «La crisi dell'uomo», come recita il titolo dell'incontro, risponde chiaro e tondo di sí. Quella crisi è palese, «poiché la messa a morte di un individuo può essere guardata con un sentimento di indifferenza o di interesse amichevole, o di curiosità, o di semplice passività. Sí, c'è una crisi dell'uomo poiché la messa a morte di un individuo può essere considerata senza l'orrore e lo scandalo che dovrebbe suscitare, poiché il dolore umano è accettato come un'incombenza un po' noiosa alla stessa stregua dell'approvvigionamento o dell'obbligo di fare la coda per un grammo di burro».

Hitler è stato battuto, è vero, ma il suo veleno – continua lo scrittore – ancora circola tra noi. Anche nel nuovo contesto politico, infatti, non è la dignità a determinare il valore dell'umano, ma la forza, la potenza, il successo. E pertanto trionfano la paura, l'angoscia, il terrore. Sí che dopo tutti gli orrori consumati nel corso della Seconda guerra mondiale, sembrano essersi volatilizzate quelle credenze comuni che abitualmente tengono insieme le società. Il nichilismo dilaga. La passione di ciascuno rincula e si spegne, mentre si impongono le tecnostrutture asettiche di una burocrazia onnipervasiva che relega l'individuo nella solitudine di quel nuovo Leviatano, già prefigurato da Franz Kafka, in cui «le catene dell'umanità torturata sono di carta protocollo».

L'«uomo reale», ora, viene sostituito dall'«uomo politico». Ne risulta che non ci sono piú passioni «individuali», ma solo passioni «astratte». Quanto conta, adesso, «non è rispettare o risparmiare la sofferenza di una madre, quel che conta è far trionfare una dottrina. E il dolore umano non è piú uno scandalo, è solo un numero il cui terribile totale non è ancora calcolabile. È evidente che tutti questi sintomi si riassumono in uno solo, che è il culto dell'efficienza e dell'astrazione».

Isolato e silenzioso, all'individuo altro non resta che scegliere se vestire i panni della vittima o quelli del carnefice: comunque, procedendo sempre piú nell'assurdo, nella sempre piú palese insensatezza. In uno scenario di nichilismo compiuto, privo di ogni decenza, dove «si possono mandare milioni di innocenti nei forni crematori cosí come ci si può dedicare anima e corpo alla cura dei lebbrosi. Si possono strappare le orecchie con una mano e accarezzarle con un'altra. Si possono fare le pulizie davanti ai torturati. E si possono onorare i morti cosí come si possono gettare nell'immondezzaio. Tutto si equivale. E siccome pensavamo che nulla avesse senso, dovevamo concludere che ha ragione colui che trionfa».

Questo, a giudizio di Camus, è lo stato morale della generazione europea uscita dalla guerra. E le cose, aggiunge, non sono andate certo meglio quando al nichilismo si è contrapposto un razionalismo storicistico assoluto che ha portato ai medesimi risultati: il trionfo della volontà di potenza. «Perché se nulla è giusto né sbagliato, se l'unico valore è l'efficienza, allora la regola deve essere quella di risultare il piú efficiente, cioè il piú forte». Fino al punto, e arriviamo cosí all'oggi, che se la forza maggiore risiede nell'economia, sarà l'economia a decidere e governare l'andamento stesso del processo politico.

L'avrete notato. Pur procedendo da una angolazione diversa, Camus affronta le medesime questioni di Weil. E di Arendt. Da dove ripartire, in questo «deserto del cuore» in cui siamo finiti?

Forse dal fatto che, pur nel pieno della catastrofe, «nella piú assoluta nudità morale», tanti uomini hanno comunque trovato e continuano a trovare valori sufficienti a guidare la propria condotta.

Anche in tempo di guerra. Anche vestendo una divisa. Ne darà conto nel 1957 Stanley

Kubrick con il suo film *Orizzonti di gloria*, ambientato durante la Prima guerra mondiale e nel quale campeggia la figura del colonnello Dax, interpretato da Kirk Douglas. Di fronte a un'operazione militare palesemente suicida e ordinata soltanto per vanagloria dal comando francese, che pur di non riconoscere la follia della propria azione fa fucilare per codardia tre soldati dopo un sommario processo davanti alla corte marziale, il colonnello ha buon gioco nel ricordare ai suoi superiori che la loro infame idea di patriottismo avvalora la celebre affermazione di Samuel Johnson secondo cui «il patriottismo è soltanto l'estremo rifugio delle canaglie».

Anche Camus, lo abbiamo visto, crede fermamente in chi rimane fedele a se stesso e alla propria coscienza. Indipendentemente dall'esito della battaglia intrapresa. Foss'anche un esito negativo. Come nel caso del colonnello Dax, che non riesce a salvare la vita dei suoi soldati.

Affinché tale stilla di bene continui comunque a sgorgare dalla polla, sarà necessario, continua Camus, tenere viva una comunicazione «onesta»: una comunicazione sostenuta da una parola vera, schietta, se necessario brutale. Che chiami sempre le cose col loro nome: «Un uomo non pensa male perché è un assassino. È un assassino perché pensa male».

Una rigorosa, inflessibile *ecologia della mente*: ecco la prima e irrinunciabile arma che abbiamo a disposizione. Si dovranno pagare alti prezzi per questo? Può essere. Magari conosceremo l'isolamento e l'incomprensione. Ma è un dovere morale dal quale non si può derogare. Né prescindere. E perciò il secondo punto irrinunciabile di tale decalogo mentale è quello di «ridimensionare la politica attribuendole il ruolo secondario che le spetta. Non si tratta, infatti, di dare a questo mondo un vangelo o un catechismo politico o morale [...] Il ruolo della politica è far funzionare le cose, non risolvere i nostri problemi interiori. Ignoro, per quel che mi riguarda, se esista un assoluto. Ma so che non è di ordine politico».

Il che non significa affatto sottrarsi alla Storia con la maiuscola, ma «di preservare dalla storia quella parte dell'uomo che non le appartiene» (e qui si sentono gli echi dell'Orwell che vuole restare «fanciullo» e, piú indietro nel tempo, del Montaigne che parla dell'inviolabile «arrière-boutique», il «retrobottega» della propria anima). Solo rifiutando le spiegazioni assolute e il primato delle filosofie politiche, si può diminuire la sofferenza degli uomini e restituire all'individuo ciò che gli spetta: la sua tensione verso un'esistenza piena, compiuta.

Nell'arena attuale, afferma Camus, in cui si fronteggiano il desiderio di felicità che alberga in ciascuno di noi e una fatalità storica che ci porta invece verso l'inerzia abissale, dovremmo fare come i primi cristiani che invocavano il movimento della «follia della croce».

Oggi insomma avremmo bisogno di un briciolo di sana pazzia. E anche questa è un'immagine weiliana, la quale Weil non a caso si richiama al *fool* shakespeariano. Avremmo bisogno, conclude Camus, di «una grande follia che pensa lontano e poggia solida sull'immensa speranza e la determinazione silenziosa» di quanti intendono a tutti i costi preservare se stessi. E perciò stesso, aggiungo io, non si arrendono a quella alienazione linguistica cui vengono quotidianamente sottoposti da un sistema politico-mediatico che ha avvelenato i pozzi del nostro primo e piú importante deposito vitale: la *lingua* appunto, «l'unica divinità a cui dovremmo inchinarci», come sosteneva il poeta Iosif Brodskij.

Perché è proprio nella lingua, e in quella letteraria in particolare, che si «prolunga la prospettiva della sensibilità umana», dunque la nostra stessa idea di futuro, e si mostra, addirittura si apre, «un varco, una strada da seguire, a chi non vede vie d'uscita». La funzione irrinunciabile della lingua è pertanto quella di «salvare il prossimo uomo, un nuovo venuto, dal pericolo di cadere in una vecchia trappola, o di aiutarlo a capire, se mai dovesse cadere comunque in quella vecchia trappola, che è caduto in una tautologia. Cosí sarà meno allarmato – sarà in qualche modo piú libero».

Brodskij, attento quanti altri mai alla dimensione privata della condizione umana, ritiene che sí, proprio la poesia, rivolgendosi al lettore in un *tête-à-tête* segreto, sia la forma espressiva che per sua stessa natura esclude il «terzo», ovvero qualunque intermediario di sorta. E rappresenta perciò la spinta piú forte e vigorosa a vivere una vita propria. Una vita di cui ciascuno sia finalmente padrone, «non già una vita imposta e prescritta dall'esterno, per quanto nobile possa essere all'apparenza».

Scegliere e non essere scelti, sempre lí si torna. E tale possibilità si lega alla padronanza della lingua, al suo governo. Perché l'uomo *è* la sua lingua. Ed ecco perché dobbiamo ritenere che «la letteratura sia l'unica forma di assicurazione morale sugli uomini di cui una società può disporre; che essa sia l'antidoto permanente alla legge della giungla; che essa offra l'argomento migliore contro qualsiasi soluzione di massa che agisca sugli uomini con la delicatezza di una ruspa – se non altro perché la diversità umana è la materia prima della letteratura, oltre a costituirne la ragion d'essere».

Se c'è in Brodskij un aspetto «politico» (nel senso originario di *polis*), in una esistenza e in un'opera di fatto impolitiche, ebbene: questo si manifesta proprio nell'attenzione costante attribuita all'educazione. All'educazione del linguaggio: «qui la piú lieve imprecisione può aprire un varco fatale nella vita dell'uomo, spingendolo a una falsa scelta».

Nel discorso pronunciato in occasione della cerimonia annuale per il conferimento delle lauree all'Università del Michigan, Ann Arbor, nell'anno 1988, cosí diceva il poeta russo esule in America ai suoi studenti: «Cercate di costruire e curare il vostro vocabolario allo stesso modo in cui curerete il vostro conto in banca. Prestategli molta attenzione, cercando di incrementare le entrate. Lo scopo non è di accrescere la vostra eloquenza in camera da letto o il vostro successo professionale – anche se queste, pure, possono essere le conseguenze – né di trasformarvi in sofisticati salottieri. Lo scopo è di consentirvi di esprimere voi stessi con la maggiore completezza e precisione possibili; in una parola, lo scopo è il vostro equilibrio. Perché l'accumulazione di cose non sillabate, non correttamente articolate, può sfociare nella nevrosi. Ogni giorno, molto accade nella nostra psiche; il modo in cui ci esprimiamo, però, spesso rimane invariato. L'articolazione verbale arranca dietro all'esperienza. Questo non si addice alla psiche. I sentimenti, le sfumature, i pensieri, le percezioni che rimangono senza nome, incapaci di trovare voce e insoddisfatti delle approssimazioni, si accumulano nell'individuo, repressi, e possono portare a un'esplosione, o implosione, psicologica».

In breve: la lingua malata si riverbera sull'uomo malato. E viceversa. Non esiste istantanea piú efficace per descrivere lo stato penoso in cui versa la nostra società. Il giorno in cui un qualche uomo politico finalmente capisse che la prima cosa da fare è una massiccia educazione (o meglio, rieducazione) linguistica, avremmo fatto un passo in avanti gigantesco. Peccato che spesso e volentieri siano proprio gli uomini di potere ad attivare il nefasto cortocircuito tra afasia linguistica e psicosi sociale. Che ormai dilaga, inarrestabile: dai condomini ai palazzi di governo.

XI

Vi sarete accorti che questo libro oscilla di continuo tra un passato piú o meno prossimo e il nostro presente. Tra le pagine di grandi scrittori e poeti, o grandi registi cinematografici, e considerazioni personali. Dunque non stupitevi se ora, *d'emblée*, vi invito a riflettere su questioni all'apparenza piú intime, private. Ma che in realtà hanno l'unico fine di sostenere ulteriormente il ragionamento che stiamo perseguendo. Tale salto, vedrete, ha un suo senso, una sua logica. Del resto, tutti gli autori fin qui evocati, in quanto amici di pensiero, partono dalla medesima convinzione: ogni azzardo speculativo, ogni riflessione, deve calarsi in una esperienza singolare e concreta: la propria. Perché il pensiero è "materiale" quando conosce l'*embodiment*, direbbe Woolf; e cioè, una autentica «incarnazione». Del resto, come scriverà Thoreau nella pagina d'avvio del suo *Walden*, su cui tornerò piú avanti, «non parlerei tanto di me se esistesse qualcun altro che conoscessi altrettanto bene. Sfortunatamente, sono confinato a questa terra dalla limitatezza della mia esperienza». Il che vale anche per il sottoscritto. È dunque da me che devo partire. Per risalire poi a problemi piú generali, da condividere con il lettore.

Per arrivare al punto, e senza girarci troppo intorno: ho da tempo maturato la convinzione che il genitore con cui si finisce per avere una relazione piú complicata, se non addirittura tempestosa, non è quello caratterialmente piú lontano da noi, ma al contrario quello a cui assomigliamo di piú. È proprio lui (o lei) infatti che ci costringe a guardarci allo specchio. E ci rimanda, in quell'immagine raddoppiata, ciò che in lui, e dunque in noi, «fa problema». Che è proprio quanto ho puntualmente verificato con mio padre. Tant'è che questo strano "pamphlet esistenzialista" (o piú semplicemente esistenziale?) che avete tra le mani, è stato scritto anche – non solo, ma anche – per questo. Per fare i conti, seppure tardivi, con un genitore che mi ha influenzato molto piú a fondo di quanto per lungo tempo io non abbia voluto ammettere: sia nel carattere, che nei modi, che in certe scelte di vita.

Come negare, ad esempio, la strana coincidenza che ha visto entrambi, dopo aver varcato la soglia dei cinquant'anni, cercare un *buen retiro* lontano dalla città? Mossi tutti e due da un comune e incantato amore per la natura? Nel suo caso, sui colli Berici, vicino a Vicenza, nel mio in Maremma, sulla laguna di Orbetello?

Proviamo allora a partire da qui, dal luogo dove vivo da piú di vent'anni, perché solo cosí potrò delineare con chiarezza l'ultima curva del viaggio mentale a cui vi invito, e che ci porterà addirittura Oltreoceano, a diretto contatto con i trascendentalisti americani. Ovvero con Emerson e Thoreau, i veri antenati di questa mia scorribanda esistenziale sulla figura storica dell'outsider.

Dovete sapere che da anni coltivo un orto, di cui vado piuttosto fiero. Ogni volta che ci passo davanti sono colto da un piccolo moto di soddisfazione, specialmente in tarda primavera, quando vedo spuntare le varie piantine ordinate nelle lunghe cassette in legno rialzate da terra, repliche locali di una modalità usata in Nordeuropa e applicata qui a tutti i vegetali tipici dell'area mediterranea: pomodori, zucchine, peperoni, basilico, insalata, sedano, prezzemolo, melanzane.

Il piacere, però, può durare anche solo un secondo, se l'occhio cade proprio su quella pianta di zucchina attaccata dal grillotalpa, non a caso chiamato anche zuccaiola. E lo stesso avviene se sposto solo di poco lo sguardo, in direzione del giardino di rose, e ne incrocio una davvero meravigliosa – colore giallo-arancio, rigonfia di effluvi mielati e dal nome squisitamente letterario *Jude the Obscure*, appellativo ripreso dal titolo di uno straordinario romanzo di Thomas Hardy –, in cui noto la presenza nefasta del mal bianco.

Cosí vanno le cose: puoi farti carico del regno vegetale con il massimo senso di responsabilità, puoi dannarti quanto vuoi, ma il tuo giardino e il tuo orto non saranno mai perfettamente sani, mai perfettamente in ordine. Il disordine, la malattia, la morte, li attaccano per le piú diverse ragioni. Da ogni angolo, in ogni momento, in ogni frangente.

Casa, natura, civiltà, cura, responsabilità, cultura... Nomi potenti, anche troppo potenti... E che ora finiscono per portarmi lontano. A sprofondare nella *wilderness*, là dove la natura comanda a pieno titolo, offrendoci il dono della sua perpetua rigenerazione, e di conseguenza svincolando noi umani che vi siamo immersi da ogni responsabilità e preoccupazione. Ma esiste poi davvero, questa benedetta *wilderness*? Esiste un luogo dove non sia cosí evidente e doloroso l'incombere della malattia e del disordine, sempre presenti nel giardino di casa? Forse che, nel mezzo del bosco piú selvaggio, vita e morte si intrecciano con una tale naturalezza da essere comunque riassorbite in una superiore e imperscrutabile armonia, che nulla può intaccare? È davvero cosí?

Preso da questi pensieri, proseguo nel cammino. Nella speranza di poter imitare quelle mirabili creature limbali di Robert Walser, che nel loro perenne peregrinare si muovono sempre al di là di qualunque idea di salvezza e perdizione.

Per il momento, sto ancora attraversando il "mio" bosco: centinaia di alberi piantati una ventina d'anni fa su quattro ettari di terra, al modo di un piccolo e novello Jean Giono, con l'obiettivo di mettere a dimora – tutto intorno alla casa – sughere, frassini, querce, olivastri, peri selvatici. Altrettante, formidabili sentinelle contro le «solenni futilità» della vita umana. Un utile *memento mori* sulla volatilità del nostro breve passaggio mondano.

La crescita di queste piantine minuscole, delle dimensioni di un palmo di mano, è stata sbalorditiva nella sua celerità, per via della terra lagunare: qui basta scavare per un metro o poco piú e l'acqua affiora copiosa. Ecco perché querce e sughere di appena vent'anni hanno raggiunto dimensioni talmente ragguardevoli da sembrare centenarie. Ed ecco anche perché quello che in teoria dovrebbe essere ancora soltanto un «arboreto», per dirla con Mario Rigoni Stern, è diventato un bosco a tutti gli effetti. E se poi qualche albero si secca e muore – come è successo la scorsa estate a una magnifica quercia alta una ventina di metri, che ha patito un letale e improvviso "incendio batterico" dovuto a prolungata siccità e caldo spropositato – ecco però, tutto attorno, nuovi alberelli dal fogliame tenero e fresco comparire inattesi grazie a un imprevedibile gioco di semi e di spore, in un continuo e felice disordine. Riproponendo cosí l'irrisolto problema dell'evidente discrasia tra il mancato controllo del giardino, ragione di inquietudine e ansia umane, e il tumultuoso disordine naturale che procura invece un'inspiegabile letizia vitale.

Siamo solo alla prima tappa del mio odierno viaggio vegetale. La meta finale, infatti, è un bosco di tutt'altro genere, decisamente piú vasto e importante del mio. Parlo della riserva naturale del Wwf della Patanella, se Dio vuole sconosciuta ai piú, ma a suo modo meravigliosa. Per arrivarci, però, devo ancora percorrere un ulteriore tratto di strada, non lungo, ma ricco di piccole sorprese legate alla modesta antropizzazione di questo lembo della Maremma toscana. Si tratta di un lungo viale segnato da eucalipti frangivento e punteggiato su entrambi i lati da alcuni casolari risalenti al periodo dell'Ente Maremma: costruzioni modeste e piuttosto bruttine, case dall'aria "geometrile", alle quali però mi sento legato da una strana forma di affetto, cresciuta col passare del tempo. Quasi che anche quelle case, ormai, facciano parte del mio paesaggio esistenziale. Cosí come gli orti adiacenti, e le lunghe serre che li affiancano, ricoperte da teli di nailon che sbattono al vento e in cui si coltivano pomodori, meloni, fragole.

Qua e là abbaia un cane dietro la rete di recinzione, un drappello di papere si muove in allegra brigata, una coppia di anziani cavalli è indecisa sul da farsi, galli e galline becchettano ansiosi sull'aia. Infine, giusto in prossimità dell'ultimo casale prima dell'accesso alla riserva, ecco quattro asinelli, altrettanti esemplari di una specie animale tra le mie preferite.

XII

Mentre a mezza bocca ripeto i versi da me dedicati proprio al ciuco, al somaro – «Dell'asino mi incantano la mitezza | e la pazienza, l'occhio umido | e dolce illuminato a tratti | da lampi di furbizia, | l'*endurance* millenaria | travestita di mestizia» –... mentre recito quei versi, dicevo, finalmente varco il cancello della riserva nella quale ho passeggiato decine di volte, essendo a due passi da casa.

Oggi vi torno dopo aver riletto per l'ennesima volta *Walden* di Henry David Thoreau e *Natura*, del suo maestro Ralph Waldo Emerson: i veri progenitori delle comunità di solitari su cui sto riflettendo. E visto che entrambi sostengono che i pensieri presenti nei loro libri, come in quelli di chiunque altro, vanno sempre messi alla prova dell'esperienza personale e diretta per appurarne la veridicità, senza mai accettarli a scatola chiusa (un po' come invitava a fare il Buddha con la sua dottrina), entrare in questo spazio naturale, a me tanto caro, mi pare il modo migliore per capire se Emerson e Thoreau potranno davvero aiutarmi in questo tratto dell'esistenza. Nella «condotta di vita» che da tempo sto perseguendo, e che vorrei mettere a fuoco meglio in queste pagine.

A tal fine, forse la cosa migliore è partire proprio da *Condotta di vita* di Emerson, là dove afferma con tono apodittico che «il libro della Natura è il libro del Fato», affermazione enigmatica ma decisiva, perché per il padre del trascendentalismo americano nella nostra esistenza tutto si gioca nella tensione perenne e mai risolta tra Fato e Potenza, tra l'accettazione di un destino superiore, in cui riconoscersi e a cui sottostare, e l'esercizio testardo della nostra individuale volontà, messa perennemente in forse dallo stato di endemica servitú legata al conformismo sociale. Una volta assunta l'idea della «doppia coscienza», stretta nell'antagonismo perenne tra necessità e libertà, fato e potenza, evento e persona, capiremo (e già qui si intuisce il perché dell'enorme fascino esercitato da Emerson sul giovane Nietzsche) che «se il Fato segue e limita la potenza, la potenza attende al varco il Fato e ne diventa antagonista».

Da questo pensiero intimamente duale discendono due postille, altrettanto importanti. La prima riguarda la Natura, che «non è sentimentale: non ci coccola né ci vezzeggia», ma in compenso dà conto di come «il miglior uso del

Fato sia l'insegnamento del coraggio fatale»; insegnamento che proprio la Natura garantisce attraverso le sue ininterrotte lezioni sulla somiglianza, la differenza, l'armonia nella varietà, «l'ascendere dal particolare al generale», e l'afflusso in un unico punto di molteplici forze, che immancabilmente convergono verso l'*oversoul*, la «superanima naturale» simbolo dello spirito, quintessenza dell'Idea e del divino.

La seconda postilla, connessa anch'essa all'indissolubile tensione tra Potenza e Fato, ci invita a prendere in considerazione l'unica chance a disposizione per non cadere in quella che Thoreau chiama «la rassegnata disperazione degli uomini».

Sto parlando della *self-confidence* (o *self-reliance*), parola chiave tanto per Thoreau quanto per Emerson, il quale per primo la propone all'attenzione del lettore. Come tradurla in italiano? Fiducia in se stessi? Disinvoltura, spigliatezza, baldanza? Autoconsapevolezza? Autogoverno? Per certo – sostengono i due –, solo credendo nella propria persona si potrà affermare appieno la nostra libertà e la nostra potenza, messe continuamente a rischio da una servitú sociale (e *volontaria*, aggiungerebbe La Boétie), che immancabilmente reclama l'aiuto di «salvatori e religioni».

La forza della Natura, al contrario, «risveglia nella mente un sentimento che chiamiamo religioso e che produce la nostra piú alta felicità». Ma affinché si offra questo incontro balsamico, ogni uomo, ogni singolo essere umano, deve contare soltanto sulle proprie forze, sulle proprie energie, sulle proprie convinzioni. «Lasciate che vi ammonisca, prima di tutto, ad andare da soli», scrive ancora Emerson, «a rifiutare i buoni modelli, perfino quelli che sono sacri nell'immaginazione dell'uomo; e osare di amare Dio senza intermediari o veli». Laddove per «Dio» si intende qui «lo spirito del mondo», da associare all'«energia della Natura» e delle «forze cosmiche», grazie a quello specialissimo incrocio emersoniano tra Plotino e Spinoza sottolineato dal filosofo francese Michel Onfray in un suo bel saggio incentrato peraltro sull'autore di *Walden*.

Ma torniamo alla *self-confidence*, questione dirimente per i trascendentalisti, e se possibile oggi ancor piú pressante di allora; visto che, oggi piú che allora, salvaguardare la libertà di giudizio individuale e l'irriducibile singolarità di ogni esistenza, a fronte dello strapotere della *doxa* e di una comunicazione ormai grottesca, è diventato assolutamente irrinunciabile.

Ci separano quasi due secoli ormai da quando Emerson scriveva che il consorzio umano si è «trasformato in una società per azioni, in cui ogni membro è d'accordo nel mettere da parte la libertà e la cultura, per meglio garantire a ciascun azionista un po' del suo pane. La virtú piú ricercata è il conformismo. La fiducia in sé stessi è il suo opposto». Se valeva allora, figuriamoci oggi.

Attenzione, però. Perché la strada per raggiungere la *self-confidence* era allora e rimane oggi quanto mai accidentata. «È facile vivere al mondo secondo l'opinione del mondo; è facile in solitudine vivere secondo la nostra opinione; ma il grande uomo è colui che nel mezzo della folla conserva con perfetta tranquillità l'indipendenza della solitudine».

Ora capisco perché ho scelto questi due compagni di viaggio, questi *sherpa* di lusso, nel complicato cammino che mi attende. Perché il loro modo di pensare non è mai teoretico, astratto. Ma sempre concreto, intuitivo, esperienziale. E intimamente gioioso, felice, sensuale.

XIII

«Ha contemporaneamente pensato la propria vita e vissuto il proprio pensiero», scrive ancora Onfray di Thoreau. Ecco, io vorrei fare altrettanto. Seguendo le parole-guida del suo vocabolario in cui piú mi riconosco: semplicità, sobrietà, decenza, giustizia, indipendenza, immaginazione. Che finiscono poi per convergere nel suo evidente ideale libertario, che solo consente a ciascun individuo di vivere secondo la propria natura, quale sovrano del proprio destino.

Appunto: se ho scelto una vita piú ritirata cercando «il miracoloso nell'ordinario» e la massima essenzialità possibile in tutte le mie scelte; se ho optato per un contatto diretto e quotidiano con la natura nel luogo in cui ho deciso di stabilirmi e da cui faccio sempre piú fatica ad allontanarmi; se ho tagliato i ponti con luoghi di lavoro e con appuntamenti sociali e mondani che sento ormai estranei alla mia visione del mondo, è esattamente per questa ragione. Per tornare a essere giust'appunto padrone della mia vita e del mio tempo, nell'*hic et nunc* che ogni mattino mi offre, nel «nuovo inizio» che la *natura naturante* costantemente ripropone: «l'uomo è caduto», rammenta Emerson, «la Natura è sempre in piedi e fa da termometro differenziale rivelando la presenza o l'assenza del sentimento divino nell'uomo». Il quale uomo, spesso e volentieri, non è all'altezza dello spettacolo che gli viene offerto, fors'anche perché «la Natura non si fa mai sorprendere in vestaglia. La bellezza irrompe dappertutto».

Certo, so bene che Patanella, mio luogo d'elezione, non è Walden; e la *wilderness* è un mito americano ormai trascorso, e forse mai davvero esistito nel Vecchio continente. So bene che se mi rivolgo a Thoreau, secondo il quale «quel che è piú vivo è piú selvaggio», non potrò che alzare le mani in segno di resa, perché intorno a me di selvaggio è rimasto ben poco. Forse nulla. Però so altrettanto bene, come insegna Emerson, che la stessa vita artificiale resta comunque naturale, visto che «la Natura che fece il muratore, fece anche la casa».

E allora, volendo essere piú attenti alla nostra attuale condizione, dovremmo dire che non "conviviamo" piú con la Natura, ma vi siamo comunque "accampati". Anche perché, ben al di là degli enormi mutamenti introdotti dal trionfo della *techne* in tutte le sue possibili forme, vi è qualcosa di piú profondo e imperituro con cui, malgrado tutto, dobbiamo continuare a fare i conti: «vi è nei boschi e nelle acque qualcosa che alletta e lusinga, senza che mai sia offerto, tuttavia, un immediato appagamento».

È una sensazione piuttosto misteriosa ma assolutamente veritiera, che personalmente avverto soprattutto quando mi trovo in presenza del mare. Quanto piú quell'enorme distesa d'acqua è bella, fresca, trasparente, invitante; quanto piú volentieri mi ci tuffo e vi nuoto, tanto piú avverto un ammanco, un deficit "ontologico", rispetto all'esperienza che mi si para davanti. Quasi che il mio essere finito, limitato, "monco", non possa sostenere quella inafferrabile e infinita bellezza, cui pure anelo, che pure reclamo.

Non sarà allora che è proprio la Natura ad attirarci in un tranello? Che cosa dovremmo dire di questo «lusingare e frapporre intralci a tanti esseri pur pieni di buona volontà? Non dobbiamo supporre che vi sia in qualche parte dell'universo una sottile e perfida derisione?»

Nella visione di Emerson dunque non si propone nessun rispecchiamento automatico tra Uomo e Natura; nessun immediato sogno fusionale. Piuttosto, Emerson invita al riconoscimento che la Natura è una «vasta promessa» a cui accostarsi con reverenza e timore, perché il «suo segreto resta non rivelato». Non rivelato e per noi, nella sua vastità e profondità, inaccessibile.

Quella però che di primo acchito parrebbe soltanto un'irresolubile aporia potrà in qualche modo sciogliersi nel momento in cui, «invece di identificare noi stessi con l'opera, avvertissimo che dentro di noi scorre l'anima stessa di chi ha prodotto quest'opera». Scopriremmo allora che, «per la prima volta, la pace del mattino è venuta ad abitare nei nostri cuori e che le insondabili forze della gravità e della chimica e, al di sopra di esse, della vita, preesistono dentro di noi nella loro forma piú alta».

Vi pare una formulazione troppo aerea, vaporosa, vaga? Be', abituatevi. Perché questo è il tipico modo di procedere di Emerson, nelle cui pagine è inutile cercare risposte chiare e distinte. L'autore di *Natura* è tutto fuorché un cartesiano. E come bene ha scritto l'americanista Tony Tanner in *The American Mistery*, «chi cerca chiarificazioni e distinzioni può uscire infuriato dalla lettura dei suoi saggi». Resta che la sua è una voce importante, anzi decisiva, in cui risuona la «potenza affermativa fatta di improvvisazioni e chiarimenti chiamata America».

Il suo pensiero, piú parlato che scritto, piú poetico che filosofico, piú immaginifico che razionale, non vive di domande e risposte e «non arriva mai a conclusione». Si presenta piuttosto come uno specchio linguistico di una vita concepita quale costante «flusso» in costante «metamorfosi»: «una perpetua giostra», «un gioco di equilibri».

Non a caso, a suo dire, la Natura «odia i calcolatori» e procede a balzi, in modo sussultorio, impulsivo: «è una cosa e un'altra allo stesso momento», un teatro che vive di pochissime leggi ma di infinite variazioni e in cui gli elementi «nuotano e brillano» senza sosta. Chi ne è consapevole, non potrà che esprimersi a sua volta in modo ondulatorio, obliquo, *random* si direbbe oggi, grazie a una lingua da intendersi come una «pratica interminabile, che non conosce una precisa destinazione».

Emerson finirà addirittura per teorizzare questo procedimento sempre aperto, distinguendo tra il *thinker* (il «pensatore») e il *man thinking* (l'«uomo pensante»). Simpatizzando, neanche a dirlo, per il secondo. Il primo, infatti, si appoggia immancabilmente a riflessioni già fatte da altri e va in cerca di sistemi chiusi e compiuti. Il secondo invece è impegnato esclusivamente nella sua attività presente, nel singolo momento, sempre diverso dal precedente e dal successivo, e dunque impossibile da racchiudere in una formula sistematica. D'altronde il linguaggio, aggiunge Emerson, ci porta sempre «a pensare muovendoci fuori del pensiero». Perché il pensiero, come ogni paradiso in sé concluso, può rivelarsi una «gabbia».

In questo modo, e sempre a proposito di *self-confidence*, finisce per essere superato anche il problema dell'incoerenza. «Con la coerenza una grande anima non ha semplicemente nulla a che vedere. Sarebbe come se si preoccupasse della sua ombra sul muro. Devi dire quello che pensi oggi con parole dure e domani devi dire quello che pensi domani, ancora con parole dure, anche se queste contraddiranno completamente quello che hai detto oggi». E poco importa se andrai incontro a un malinteso: «Accada quel che accada, comportati rettamente ora. Disprezza sempre le apparenze e sempre sarai in grado di farlo. La forza del carattere è cumulativa. Tutti i giorni virtuosi passati vi riversano la loro forza».

Piú che della coerenza, dunque, ci si preoccupi semmai della formazione del proprio carattere, perché tutto passa da lí: «Un carattere è come un acrostico o una stanza di versi alessandrini; nel leggerlo, avanti, indietro o attraverso, dice sempre la stessa cosa». Ecco perché tutto passa da lí. Compresa la battaglia contro una società che resterà «barbara finché ogni uomo industrioso non abbia la possibilità di guadagnarsi da vivere senza pratiche disoneste».

Accusati entrambi, sia Emerson che Thoreau, di essere inguaribili individualisti, i due sono al contrario quanto mai attenti a una vita sociale improntata a una maggiore giustizia. Thoreau, ad esempio, aiuta molti schiavi a fuggire in Canada e si schiera in difesa dell'abolizionista John Brown, mentre va scrivendo il suo celebre pamphlet sulla *Disobbedienza civile*, che ammalierà figure come Gandhi o Martin Luther King. La verità è che tanto lui quanto Emerson si affidano a una strumentazione concettuale e linguistica completamente diversa da quella a cui siamo abituati. La quale, andrà pur detto, non pare aver dato risultati memorabili. Per parte loro, i due antesignani del trascendentalismo americano antepongono la coscienza alla convenienza, l'educazione alla politica, l'amore alla legge, l'amicizia al profitto. Oltre al desiderio costante, e stavolta è Thoreau a parlare, di inoltrarsi in sentieri non ancora battuti: «A che pro andare di nuovo sulla vecchia strada? C'è una vipera sul sentiero che i tuoi stessi piedi hanno tracciato. Devi aprirti strade nell'Ignoto».

Anche in questo li sento fratelli. E assolutamente attuali. Cosí come piú attuale che mai è un punto specifico, messo in grande evidenza da Emerson e a cui invece si presta pochissima attenzione nel dibattito pubblico odierno. Parlo della necessità (e del piacere) di fare bene le cose che ci sono affidate. Aiutandosi con quelle che un tempo venivano chiamate «maniere», o addirittura, pensate un po', «buone maniere»: «C'è sempre una via migliore nel fare le cose, foss'anche la bollitura di un uovo». Chi ha visto il già citato film di Wenders *Perfect Days*, capirà immediatamente a cosa si riferisca Emerson. Il quale cosí continua: «Le maniere sono i modi felici di fare le cose; ognuna era prima uno slancio di genio e d'amore, ora ripetuto e consolidato nell'uso». Sono quei gesti improntati al contegno e alla cura che coniugano al meglio «conoscenza ed azione»: il fondamento di ogni civiltà degna di questo nome. Giacché sono proprio quei gesti a renderci vicendevolmente «sopportabili l'uno per l'altro», a farci uscire «dallo stato quadrupede». Grazie a quei gesti gli individui «si lavano, si vestono e infine stanno ben dritti; si spogliano dei loro gusci e abiti animali». Vengono «costretti alla pulizia; a intimidire la loro malignità e meschinità». E sono sempre quelle buone maniere che «insegnano loro a trattenere l'espressione vile e a scegliere quella generosa, e danno loro la cognizione di quanto piú felici siano i comportamenti generosi».

Tornerò presto alla proficua bontà dei *minima moralia* che i nostri due fratelli maggiori elargiscono a piene mani, e che sono alla base di un concreto, possibile "nuovo inizio" per le comunità di solitari, in grado finalmente di farci stare meglio con noi stessi e con gli altri. Ora però è davvero giunto il momento della mia passeggiata nel bosco della Patanella, in compagnia del celebre *Walden* (libro bifronte, pieno di perle preziose e di digressioni inutilmente pedanti che il lettore salta a piè pari), in cui l'autore ci propone un'idea del «camminare» come di un andare incontro al proprio destino, idea che certo mi seduce... Anche se subito mi dico: meglio volare bassi, e partire dalla mia piú modesta e concreta esperienza. In fin dei conti, anche questo è un suo insegnamento.

XIV

La tarda primavera, stamane, si offre ai miei occhi in tutta la sua esuberante generosità. Al primo sguardo subito s'impone un bosco fittissimo, dove primeggiano pini marittimi e sughere; mentre nei rari casi in cui questi alberi enormi lasciano spazio a piccole radure, a quei *claros del bosque* su cui María Zambrano ha scritto pagine magari un po' enfatiche, ma comunque illuminanti, ecco comparire strabordanti tappeti di cisto; e a seguire le orchidee selvatiche tipiche di questa zona della Maremma, in una tenue sinfonia di colori che va dal bianco al giallo, dal rosa pallido al lillà. Dice bene la filosofa spagnola: «Il chiaro del bosco è un centro nel quale non sempre è possibile entrare; lo si osserva dal limite e la comparsa di alcune impronte di animali non aiuta a compiere tale passo. È un altro regno che un'anima abita e custodisce. Qualche uccello richiama l'attenzione, invitando ad avanzare fin dove indica la sua voce. E le si dà ascolto. Poi non si incontra nulla, nulla che non sia un luogo intatto che sembra essersi aperto solo in quell'istante e che mai piú si darà cosí. Non bisogna cercarlo. Non bisogna cercare. È la lezione immediata dei chiari del bosco: non bisogna andare a cercarli, e nemmeno a cercare nulla da loro. Nulla di determinato, di prefigurato, di risaputo».

Leggo Zambrano e mi guardo intorno. Qua e là fiammeggiano d'oro vivace ginestre odorose imponenti, accerchiate da piante di lentisco, mirto, elicriso, alaterno, non meno profumate e suadenti nella loro severa presenza. L'aria è fresca, inebriante: c'è qualcosa di stranamente elettrico, che mi induce in una posizione di attesa, quasi che si preparino per me delle sorprese, inattesi quanto graditi regali.

Il sentiero che ho imboccato ora vira improvvisamente a sinistra, e mi porta su un viale di lecci che nella sua grandiosità, forse eccessiva, si propone come il "corso" principale del bosco, il luogo deputato alle "vasche" e a incontri eventuali, per quanto improbabili, con altri rappresentanti della nostra specie. E difatti è proprio qui che compare l'unico altro essere umano presente da queste parti, oltre al sottoscritto. Si tratta di un uomo che ho già incontrato: fa il cameriere di un ristorante vicino, e non ne conosco neppure il nome. Vale per lui quanto scriveva la nostra amata Simone Weil: «Ecco un passante: ha lunghe braccia, occhi celesti, una mente attraversata da pensieri che ignoro, ma che forse sono mediocri. Ciò che per me è sacro non è né la sua persona né la persona umana che è in lui. È lui. Nella sua interezza. Braccia, occhi, pensiero: tutto».

Potrei dire lo stesso del cameriere senza nome, col quale intreccio incontri che, per quanto radi, avvengono immancabilmente in luoghi e momenti significativi: come qui, stamattina; o sul mare burrascoso della Giannella in pieno inverno; o in autunno inoltrato alla Parrina, quando si fanno piú frequenti le magiche epifanie dei branchi di daini, con le loro rapide danze punteggiate da frenetici andirivieni e improvvisi balzi febbrili.

Strano, ma è come se io e lo sconosciuto ci dessimo degli appuntamenti cadenzati e segreti in situazioni sempre appartate e speciali. Forse per questo tra noi non servono tante parole: anche stavolta basta un cenno caloroso della mano, un buongiorno a bassa voce, e per parte mia subito mi avvio a passo deciso verso la fine ormai prossima del lungo viale di lecci, perché lo so, lo sento, che la sorpresa tanto attesa sta per arrivare. E difatti, appena i lecci perdono il loro ordine geometrico e si impone un improvviso, arboreo spariglio, ecco comparire – sotto l'ombra ora meno fitta di quelle chiome – uno spettacolare mare di felci di rara eleganza, dalle fronde ampie e sontuose, sorrette da gambi talmente esili, trasparenti, che le medesime fronde paiono restare sospese, a mezz'aria.

Purtroppo nulla so delle felci: la mia ignoranza botanica, al riguardo, è totale. Eppure questa improvvisa visione mi procura una sensazione che oserei definire di totale beatitudine: *bliss*, come dicono gli inglesi. E mi conforta sapere quanto, giusto al riguardo, Thoreau, che pure era un botanico di prim'ordine, scrive nel suo *Journal*: «È solo quando dimentichiamo tutto ciò che abbiamo appreso che cominciamo a sapere». Ovvero, per entrare in relazione con un albero, una pianta, un fiore «dovete avvicinarlo per la millesima volta come se fosse totalmente estraneo».

E, subito dopo, ecco il passo che sembra scritto per me: «se volete fare la conoscenza delle felci, dovete dimenticare i testi di botanica». Perfetto, fa proprio al caso mio, che non ho neppure bisogno di dimenticare i testi di botanica visto che non li ho mai letti.

Ma ancora piú importante è quanto lo stesso Thoreau annota in un'altra pagina del suo fluviale diario: l'importante è vedere, non guardare. Perché piú si guarda meno si osserva: «Non preoccupatevi di guardare. Non andate verso l'obiettivo, lasciate che venga a voi». Sembra il controcanto ideale della Zambrano testé citata, che cosí continuava nel suo aurorale divagare mentale: «Resta il nulla e il vuoto che il chiaro del bosco dà in risposta a quello che si cerca. Mentre se non si cerca nulla l'offerta sarà imprevedibile, illimitata».

Non è esattamente quanto mi sta accadendo con questo meraviglioso prato di felci sospese a mezz'aria? Di qui, forse, quell'impressione di beatitudine a cui prima accennavo, perché è «il matrimonio dell'anima con la natura che rende fruttuoso l'intelletto, che fa nascere l'immaginazione». Tutto ciò, aggiunge Thoreau, è impensabile se ci si affida soltanto a una osservazione freddamente "scientifica" di un fenomeno naturale. Perché, procedendo in tal modo, quel fenomeno non entrerà mai in relazione intima con noi. «Il corpo, i sensi, devono cospirare insieme allo spirito. L'espressione è l'atto dell'uomo completo. Che il vostro discorso sia *vascolare* [*sic!*] L'intelletto è impotente a esprimere il pensiero senza l'aiuto del cuore, del fegato e di ogni altro organo».

Bravo Thoreau. E nondimeno bravo Emerson, quando aggiunge: «La rovina o il vuoto che vediamo quando guardiamo alla natura, sono nel nostro occhio. L'asse della visione non coincide con l'asse delle cose, e cosí esse non appaiono trasparenti ma opache. La ragione per cui il mondo manca di unità, e giace a pezzi e a mucchi, è che l'uomo manca di unità con se stesso».

Non è proprio questa la nostra malattia? La vera tabe contro cui mai combattiamo con la costanza e tenacia necessarie non è per l'appunto quella di ritrovarci immancabilmente a pezzi? *Disiecta membra*, frammenti sparsi abbandonati alla deriva?

Ecco un'altra questione su cui mi sento in sintonia con i miei due "nuovi" maestri, che trovano il loro primo nutrimento nella valorizzazione dell'esperienza morale e sensoriale di ogni singolo istante, volto a contenere quella deriva... Oltre a cercare un'auspicata, rinnovata unità interiore, nei libri. Ma soltanto in quelli che rispondono a certe specifiche caratteristiche: «Sono nocivi i libri che allontanano dalla vita e dal mondo, salutari quelli che aiutano a stare meglio». E, guarda caso, quelli che vanno in quest'ultima direzione sono in relazione strettissima con il grande libro della Natura. Ovvero: è solo in virtú di tale osmosi che si può creare l'humus necessario a quella «medicina eupeptica» che Onfray attribuisce a Thoreau, una medicina che «produce ciò che è buono e giusto e scarta quanto è cattivo e malvagio».

Per questo bisogna prestare attenzione alle parole. Perché ci sono parole sane e parole tossiche. Senz'altro tossiche, ad esempio, e sempre a detta di Thoreau, sono quelle di cui abbondano i giornali, che «assecondando il peggio», mettendo chi legge «nella condizione del cane che torna sul proprio vomito».

Avendo io scritto per decenni sui giornali, e leggendoli ora – come ha scritto da qualche parte Peter Handke – con un moto crescente di smania e subitanea, nauseata stanchezza, trovo l'immagine di Thoreau fulminante nella sua brutale schiettezza. Me la sento addosso, sulla pelle, con un senso di disagio. Perché riconosco che io per primo vado in cerca del peggio, nel Grande Peggio che il mondo dell'informazione costantemente ci propina. Ventiquattro ore su ventiquattro. «Se le parole furono inventate per celare il pensiero», scrive ancora Thoreau alludendo a Talleyrand, «credo che i giornali siano una grande innovazione di una pessima invenzione. Non permettete che i giornali si impossessino della vostra vita».

A dire il vero, i maggiori rischi che si affacciano oggi su questo specifico punto sono tutt'affatto diversi: un po' per le irresistibili innovazioni della rete e di Internet, un po' perché i giornali si stanno perlopiú suicidando con le loro stesse mani. Resta comunque che la vita è un regalo troppo grande e miracoloso per giocarselo tornando di continuo sul proprio vomito. Anche per questo ho intrapreso da tempo una rigida dieta rispetto a *news* televisive, talk show, social media e quotidiani, dieta da cui ho tratto immediati e indubbi benefici: drastica riduzione di inutili tossine, la mente piú sgombra, piú tonico il corpo. E un desiderio piú intenso di perseguire l'unico obiettivo che davvero conta: cercare di vivere la vita che si è immaginata.

Il fatto però è che ormai viviamo due vite, totalmente separate: la prima – concreta, ordinaria, domestica – è la cosiddetta «vita reale». La seconda, invece, si presenta come la quintessenza dell'irrealtà, e produce il nostro progressivo inaridimento affettivo in una dimensione tutta e solo formalistica, astratta, prona all'insondabile divinità dell'onnipotente algoritmo verso cui si inchinano folle sempre piú folte ed entusiaste. Sperare che questa seconda e sempre piú preponderante dimensione sociale dell'esistenza, ora ulteriormente potenziata dall'irrompere irrefrenabile dell'intelligenza artificiale, possa svolgere un benefico servizio alla prima, temo rientri nell'universo dei pii desideri, di un fanciullesco *wishful thinking*. Resta comunque che per me a contare è la prima. Ed è quella di cui voglio occuparmi. Confortato ancora una volta dalle parole e dalle pratiche di vita dei miei due "fratelli maggiori" americani, che cercano innanzitutto «l'etica del giorno» nella centralità della vita domestica, nella «percezione morale» del presente. Un po' al modo di Hirayama, il personaggio wendersiano che ormai mi è entrato nel cuore.

Il tutto potrà pure suonare *old style*, ma è esattamente quanto a me preme. E visto che queste semplici, elementari riflessioni sorgono mentre sto camminando, niente di meglio che appoggiarmi a un testo di Virginia Woolf (ancora lei, tanto per cambiare, e sempre scintillante, libera, profonda); un testo che compare come postfazione a *Camminare* di Thoreau. Azione, questa, che per lui non ha nulla a che fare con il passeggiare, con l'andare in gita, dove «metà del tempo è dedicata a tornare sui propri passi». No, camminare è aprirsi all'avventura, dimenticarsi di sé, dare «piú aria e luce ai nostri pensieri». E tanto meglio se tale azione ha luogo nei dintorni della propria dimora, senza andare in cerca di inutili scenari esotici, visto che Thoreau, secondo Woolf, vantava «un autentico talento nel restarsene a casa». I boschi ad essa prospicienti saranno piú che sufficienti per verificare quanta poca Chiesa, Stato, e prima ancora Politica, ci siano nel paesaggio. È qui che salta fuori tutta la potenza anarchica del suo pensiero: «l'uomo che si prende tutta la libertà di vivere è superiore a qualsiasi legge, grazie al legame con il legislatore».

Per converso, si chiede Thoreau, «il genere umano si renderà mai conto che la politica non è il campo della moralità, perché non si prende cura di quanto è moralmente giusto, ma prende in considerazione solo quanto è conveniente?»

Mentre quanto interessa Thoreau è proprio la scelta moralmente giusta: «Quello che dobbiamo sempre e comunque fare è stare attenti a non diventare parte integrante delle ingiustizie che condanniamo». Mai e poi mai si dovrebbe aprire una faglia tra quanto invochiamo a gran voce e il nostro reale comportamento quotidiano. Tra un'auspicata trasparenza nella vita pubblica e opache furbizie nella vita privata.

Procedendo in tal modo, nella costante attenzione a ricomporre i rischi di questa forbice morale, poco conta poi se, sulla base dei nostri principî, finiremo addirittura per contravvenire alla legge. Quando l'utile prevale sul giusto, bisogna disobbedire. Perché siamo uomini, prima che sudditi. E «la nostra vita deve fare controattrito per fermare la macchina». Per questo, a suo giudizio, «il miglior governo è quello che governa meno», anzi che non governa affatto. Di qui la sua idea di «rivoluzione»: innanzitutto anarchica, ovvio. Oltre che ecologica, sensuale, spiritualista. E individualista, si dovrebbe aggiungere. Anche se poi proprio Virginia Woolf ci mette in guardia sul fatto che «un uomo che agisce in modo individualistico su cosí vasta scala è difficilmente un egocentrico». È semmai un mistico, un essere selvatico che non vuole né comandare né essere comandato. E soprattutto rifiuta di essere addomesticato. Per questo, anche, giudica la politica «assurda, poco credibile, priva di significato». La sua idea di gioiosa pienezza va in tutt'altra direzione, quella di una prossimità con il mondo animale: «La mia felicità assomiglia parecchio a quella della marmotta».

Insomma, siamo di fronte a un uomo decisamente fuori dagli schemi: eccessivo, controverso. Impossibile da classificare e a tratti insopportabile nella sua incontenibile oltranza. Ecco perché, continua Virginia, «leggendo Thoreau non è mai possibile distrarsi, né lasciarsi cullare nell'illusione di aver ormai afferrato e individuato una guida costante. Dobbiamo essere sempre preparati allo shock di leggere in versione originale quel pensiero che per tutta la vita abbiamo conosciuto soltanto in copia».

Ma, giusto per chiudere il capitolo Thoreau, forse può tornare utile, a questo punto, qualche rapsodico cenno biografico. Henry David era figlio di un intraprendente fabbricante di matite e di una donna vivace e piuttosto volubile. Da subito si capí che il ragazzo non era tagliato per farsi strada nel mondo. Appena raggiunta la maggiore età, provò a guadagnarsi da vivere come maestro elementare, ma fu un'esperienza che durò poco. Meglio, infinitamente meglio, la vita solitaria; totalmente immersa nella *wilderness*: «Quanto alle comunità, penso che preferirei un alloggiamento da scapolo all'inferno che vivere a pensione in paradiso». Di qui la scelta, a ventisette anni, di costruire con le proprie mani una capanna sulle rive del lago Walden. Era la soluzione ideale per chi come lui preferiva «la canoa alle biblioteche, gli animali selvatici alle chiacchiere da salotto». E refrattario alle mode, agli onori, al potere, ma piuttosto sempre in cerca di una vita semplice, di una «vita indiana», cosí si presenterà al mondo: «indomabile come un lupo e scontroso come un mulo», per utilizzare ancora le parole di Onfray.

Quell'uomo piccolo e ben piantato, con gli occhi grigio-blu e un aspetto riflessivo, trasognato, non era vocato a nessuna professione e non aveva alcun talento per il successo, per la ricchezza. «Non gli costava niente dire no, anzi lo trovava piú facile che dire sí», scriverà Emerson in *Henry David Thoreau. His Biography and Character*, dove il suo saggio compare insieme a uno scritto di Robert Louis Stevenson, che definí Thoreau «re barbaro».

Tendenzialmente pigro, fortemente autocentrato, amante delle creature in fiore, abilissimo in ogni genere di esercizio manuale, Thoreau possedeva la raffinatezza sensoriale di un animale e un indistinguibile tratto da *puer aeternus*. Uomo di incrollabile onestà e pessimo carattere, egli praticava quotidianamente e sul campo le scienze naturali, nella convinzione che il vero uomo di scienza sia colui che, al modo di Darwin, fonda il suo sapere sull'esperienza. E considera la Natura come «terra vivente», tesa sempre a ricreare se stessa, come l'anima di chi vi è immerso. Solo quel matrimonio rende fruttuosa l'intelligenza e fa nascere l'immaginazione.

Infine, sua indiscutibile bussola, suo incrollabile faro, è quella *self-confidence* appresa dal maestro Emerson: «L'opinione pubblica è un tiranno debole, se paragonato con la nostra opinione privata. Ciò che un uomo pensa di sé, è questo che determina, o piuttosto indica, il suo destino».

A ben vedere, un'indicazione non poi molto diversa dall'insegnamento paterno che piú mi è rimasto impresso: «Ricòrdati che c'è un'unica cosa che nessuno potrà mai toglierti. Ciò che hai imparato, conosciuto, vissuto. Sulla tua pelle, in prima persona».

XV

Darsi forza da sé. Trovare nella propria interiorità l'energia necessaria a combattere la battaglia quotidiana, di tutti e di ciascuno. Per reiventare di continuo la propria vita. Ecco, in estrema sintesi, il compito che attende la creatura umana in cerca di libertà: la vera chiave di volta per andare incontro al futuro, tanto piú necessaria in mancanza di una comunità autentica, chiara. Riconoscibile. E a fronte invece di una società atomizzata e sempre piú distratta, superficiale, cinica, sciatta, indifferente. Disinteressata a una valutazione attenta e ponderata delle diverse opere umane: «di ingegno e di scalpello». E preoccupata soltanto di imporle – grazie a ecolalie piú o meno "dopate" – in quanto prodotti, in quanto merci appetibili sul mercato.

Potrebbe sembrare un'annotazione inutilmente acida e *rétro* su un dato di fatto ormai acquisito; noto e stranoto; ormai irreversibile. Se mi ci soffermo è soltanto perché c'è stato uno scrittore italiano che, nel suo proprio ambito, ha invece affrontato la questione di petto, mostrandone per filo e per segno gli effetti negativi. Sia in ambito linguistico che sociale. La sua battaglia donchisciottesca e solitaria, neanche a dirlo, è stata persa. Ma il suo valore, in termini di pensiero, resta intatto. Quell'uomo, che conoscevo bene, da vicino, era un amico, risponde al nome di Gianni Celati: "cane sciolto" per antonomasia della scena letteraria italiana.

Spizzicando qua e là dai suoi scritti e tornando con la memoria ai nostri ripetuti incontri, provo a cucire insieme pensieri diversi, prendendomi la libertà di sintetizzare cosí i suoi convincimenti: «L'esperienza piú intima, ormai, è assorbita dai cliché con cui se ne parla, abolita o svuotata dalle chiacchiere d'attualità. Questa è la nube di parole dentro a cui viviamo. Obbedendo ai diktat dell'industria culturale che prescrive una lingua standardizzata e un pensiero preconfezionato, sempre a caccia di qualcosa che faccia colpo sul pubblico, si finisce per mettere da parte le fantasticherie socialmente inutili. Sí che il lettore ormai tende a sopportare sempre meno le parole, e sempre piú aspira al nudo "significato" dei fatti, da leggere alla svelta. È proprio cosí che si rimuove la dimensione avventurosa e gratuita della scrittura. Il gusto di menare la lingua, di raccontare fole. A me invece proprio questo interessa. Mettere in gioco la potenza dell'immaginazione, per aprire il pensiero a ciò che è rimosso dalle opinioni dominanti. Anche perché, nella spietata economia attuale, è questo che dobbiamo temere piú di tutto negli anni a venire: la mancanza di immaginazione, che prima o poi finirà per tirarci nell'abisso».

I termini «irregolare», «eterodosso», «appartato» – spesso utilizzati a sproposito per definire artisti e scrittori che si atteggiano a *drop-out* – si sposano invece benissimo all'avventura di Celati, la cui parabola esistenziale è stata sempre raminga, all'insegna del nomadismo e dell'inquietudine. Basta rileggere la breve e stravagante nota autobiografica che compare in *Conversazioni del vento volatore*.

Anche stavolta, spizzico qua e là: nato nel 1937 a Sondrio, il futuro autore di *Comiche* fa il liceo a Bologna: «Fine della vita in famiglia – Servizio militare – Grazie a un amico psichiatra si concentra a studiare la scrittura dei matti – Nevrosi da naja, ospedale militare – Tesi di laurea su Joyce – Raptus di scrivere come un certo matto che lo appassiona – Italo Calvino legge il testo su una rivista, propone di farne un libro – Passa il tempo – succedono delle cose».

Dopodiché va in Tunisia per imparare l'arabo, ottiene una borsa di studio a Londra, «vita nel falso, tutto per darla da bere agli altri – Passa il tempo – Insegna all'università di Bologna – Conosce un certo Sironi che lo mette a scrivere film falliti in partenza – Altro libro – Traduzioni – Passa il tempo – Senso di non avere piú la terra sotto i piedi, come uno partito in orbita».

Poi Celati è di nuovo a Bologna, dove insegna all'Università («i presidi!!! Roba da matti»). E anche da lí «Fuga – Si trasferisce in Normandia – Traduzioni, altro libro – Passa il tempo – Trasferimento in Inghilterra – Comincia a fare documentari – In Africa, Senegal, a curarsi la testa – Libri – L'italia invivibile – È andata cosí – Dal 1990 vive a Brighton, in Inghilterra, con la moglie Gillian Haley».

Alla fine di questo ininterrotto andirivieni, che lo ha visto chiamarsi progressivamente fuori dai giochi fino al giorno della sua morte, avvenuta il 3 gennaio del 2022, Celati ci ha lasciato in eredità alcuni dei piú bei libri di narrativa e saggistica degli ultimi decenni. Ma soprattutto ci ha lasciato un luminoso esempio di vita. La letteratura è una cosa seria, e dunque lo scrittore, ogni vero scrittore, non può assistere impotente alla sua penosa deriva. Perché a giudizio di Celati è in atto un'involuzione drammatica, che premia soltanto il narcisismo solipsistico degli autori, il loro agonismo intellettuale, un ridicolo e febbrile attaccamento all'attualità. Tutto questo a scapito dello scatenamento fantastico, «dell'interiorità come patria ultima dell'uomo».

Con quel suo modo gentile e svagato, da picaro accidioso, Celati ha combattuto a lungo contro tale deriva. Ricominciando a raccontare con stupore quanto ci lega vicendevolmente al nostro piú elementare istinto narrativo: il mondo dell'ovvio, del banale, dell'ordinario; tutto ciò che è stato scartato, messo da parte, rimosso. Da qui il ritorno alla tradizione orale, alla sua volatilità, per recuperare il fiorire della pura narrazione, la gioia della sonorità delle parole, la pazzia della voce e del dire, del raccontarsi. Sempre e comunque in direzione ostinata e contraria rispetto a chi scrive avendo invece già tutto chiaro in testa. Dimostrandosi perciò stesso indisponibile ad accettare come un regalo il fatto che le storie, a un certo punto, sfuggono di mano al loro autore. Come è giusto che sia. Basti leggere, a riguardo, i versi finali di un suo sonetto: «Non c'è vita in guadagno, tutto è al vento | noi siamo spore perse in spargimento».

E giusto a tale proposito: tutti i veri incontri rivestono un qualche valore simbolico. Magari piccolo, magari nascosto, ma comunque significativo. È quanto mi viene da pensare rispetto al "non luogo" per eccellenza in cui ci vedemmo l'ultima volta, a pochi mesi dalla sua morte: l'aeroporto londinese di Gatwick. Celati vi era arrivato in treno da Brighton; io in volo da Roma. Gianni aveva la solita aria da eterno ragazzo, anche se segnato dal tempo e dalla malattia. Scherzosamente, mi accolse al modo degli agenti di viaggio: con un grande cartello colorato dove compariva il mio nome, a caratteri cubitali. E indossava una maglietta con su scritto in una sola parola, tutto d'un fiato: GIOVANIUMANIINFUGA.

Piú cane sciolto di cosí...

XVI

Siamo prossimi alla fine del nostro tragitto. Fisico, emotivo, mentale. È arrivato dunque il momento di chiederci che ne è di questa paradossale comunità di solitari – da intendersi nella pluralità delle sue manifestazioni – attorno a cui abbiamo lungamente circumnavigato. Quali sono le sue intenzioni? E scopi? E fini? Quale la sua essenza piú segreta? Come agisce? Come si muove?

Diciamo intanto che procede a modo suo: un modo ineffabile, silenzioso, misterioso. Sotterraneo, ma tenace. I tanti cani sciolti che idealmente la compongono non si comportano certo come obbedienti soldatini. Sfuggono per loro stessa natura a ogni inquadramento. Gli outsider, si sa, seguono sempre le loro proprie, autonome, personali passioni, e idiosincrasie.

E tuttavia, si può almeno provare ad azzardare l'ipotesi dell'esistenza di alcune peculiarità ricorrenti del tipo umano che descrivo, visto che altrimenti non parleremmo di comunità. Ciascuno degli individui che tale comunità compongono non è animato da nessun settarismo. Nel prossimo cerca sempre una scintilla di umanità, ovunque si presenti. Per questo sa di poter contare su amici veri anche tra quanti girano "al guinzaglio", magari perché mossi da un ammirevole senso di responsabilità. Cosí come sa di poter contare su amici "fantastici" – scrittori, artisti, poeti, filosofi e cineasti passati e presenti – che gli offrono un sostegno mentale e sentimentale concreto, reale, con immagini, pensieri, emozioni. Ragione in piú per riconoscere quanto proficua sia la comunione dei vivi e dei morti.

Ancora: il nostro sconosciuto compagno di viaggio ha perso ogni inutile e pigra illusione, ma non per questo cade nel nichilismo enfatico della «disperazione», a cui contrappone l'*endurance* vitale di una sobria e lucida «disperanza»; parola e sentimento su cui ha scritto mirabilmente Giorgio Caproni. Cosí come sa difendere con le unghie e con i denti lo spazio immaginativo vitale per l'essere umano, e coltivare con gioia il "poco ma proprio" in cui si muove.

L'outsider confida inoltre su quell'impulso alla fratellanza universale con il mondo vegetale e animale che ha appreso da Anna Maria Ortese; una scrittrice che, nei suoi racconti o nelle sue riflessioni "metafisiche", reclama il diritto del vivente, di ogni vivente, ad avere il suo legittimo spazio nella «grande casa» del «corpo celeste». Sí, proprio lí dove l'uomo invece passa perlopiú «come un servo o un padrone, quasi mai come un figlio o un fratello».

Ma, soprattutto, ogni soggetto di questa variegata e inclassificabile muta di cani sciolti sa che è giusto mantenersi sempre aperto e curioso rispetto alle mille, imperscrutabili vicende del mondo. Pronto ad accogliere ogni «buona novella», anche nell'improbabile caso che essa venga dai luoghi ufficiali della politica. Senza però dare mai carta bianca a nessuno, visto che tra convinzione e convenienza lui da tempo ha deciso per quale delle due parole o concetti propendere. E cioè, esattamente all'opposto di quanto accade abitualmente in ambito politico, egli saprà senza tentennamenti scegliere l'esercizio del *free will*, della libertà di coscienza. Da perseguire con la necessaria radicalità, che peraltro non ha nulla da spartire con l'estremismo infantile. O peggio, con un autocompiacimento apocalittico: anticamera del fanatismo, nemico giurato di ogni sana pratica scettico-ironica. Chi coltiva con dedizione la precisione delle parole e il gusto delle *nuances* considera quale massimo lascito della modernità occidentale un duplice insegnamento: «connetti e distingui, distingui e connetti». È la lingua, infatti, la precisione nell'uso della lingua, il piú grande dono che abbiamo ricevuto – come ci ricorda il poeta americano Wallace Stevens: «Nativi della povertà, figli di rovina, | l'allegrezza della lingua è la nostra regina».

Ma chi ama la lingua, perciò stesso ama il silenzio. Per questo è cosí insofferente verso la società della «credulità sovrainformata», che non tollera interruzioni di sorta nel flusso continuo di commenti che fanno immancabilmente seguito a quanto accade. Senza mai un balbettio, un tentennamento, un dubbio, una sosta, un'esitazione. Senza mai riconoscere gli inciampi del pensiero e le tormentose quanto proficue aporie che ne discendono.

Chi «non fa banda», al contrario, spesso e volentieri non ha un'opinione precisa sugli avvenimenti di giornata, e se ne rallegra. Perché è proprio tale ontologica incertezza che lo aiuta a non coltivare pregiudizi, e lo spinge a raspare su da terra quanto vi trova di buono, di interessante, indipendentemente da chi glielo offre. Come accade a ogni cane randagio che si rispetti. Al quale basta utilizzare il proprio tartufo per capire se ci si può fidare, o meno. Di quel certo odore, sapore, sensazione.

Cosí sviluppa la comunità dei solitari: in modo puntiforme, reticolare, casuale, imperscrutabile. E sempre revocabile. Un po' come accade in ogni amicizia – considerata già da Aristotele il vero cemento della *polis* –, che si conferma come la base migliore per dare vita, corpo e realtà a una società fraterna, composta da persone libere, critiche, consapevoli. Che perciò stesso fanno in qualche modo *politica*, anche se seguendo strade diverse da quelle canoniche. Capaci, si spera, di rialimentare almeno in parte quella fiducia reciproca (*trust*) alla base di ogni patto sociale e oggi palesemente incrinata. Ma capaci pure, per quanto possibile, di frenare la logica di un utilitarismo parossistico e al fondo suicida, che conosce soltanto il *do ut des* e ci mette tutti nella posizione di *clientes*, impedendo cosí che affiori quella gratuità senza ritorno pure presente nell'animo umano.

Mi riferisco a quella piccola «bontà illogica», cieca, istintiva e priva di testimoni tanto cara a Vasilij Grossman. Una bontà refrattaria all'idea di Bene con la maiuscola (con tutti i rischi teleologici che essa comporta) e che si ripresenta immancabilmente a ogni tornante della storia. Malgrado, o meglio in virtú, della sua costitutiva fragilità, della sua debolezza. Della sua natura spicciola e fortuita.

Gentilezza anonima, generosità segreta, prodiga *dépense*, un pizzico di ilare follia. In qualche misura l'indagine di Grossman sulla «bontà illogica» si interseca con quella sulla comunità dei solitari, di cui ancora ignoriamo, però, il modo in cui si appalesa, si manifesta. E, per quanto vi possa sembrare bizzarro, chissà se per capire la dinamica di tale processo possono risultare utili, almeno fino a un certo punto, le parole crociate della «Settimana Enigmistica».

La mia inettitudine, al riguardo, è totale. Non mi sono mai avventurato nei «triplici incroci obbligati», nelle «cornici concentriche», nelle «parole crociate senza schema». Né ho mai risolto un rebus che è uno. In compenso, da bambino, mi dilettavo con «la pista cifrata», il gioco piú elementare dell'unico periodico italiano che non conosce la crisi irreversibile della carta stampata; adoravo quel gioco che consiste nell'unire tra loro con un tratto di matita i diversi puntini di una ipotetica mappa. Fino a delineare la figura sottostante, che solo alla fine emergerà chiara, precisa, conclusa.

In teoria si potrebbe fare lo stesso con la comunità qui indagata, se non fosse che il procedimento stavolta è reso piú complicato dal fatto che i suoi componenti perlopiú se ne stanno nascosti, acquattati. Di rado si offrono alla luce. O meglio, si *mettono* in luce. Quindi nessuna matita, unendo i diversi punti della mappa, potrà dare corpo a una figura riconoscibile e definitiva: unica e sola. Nel nostro caso, semmai, ci troviamo in presenza di un fiume carsico, che a volte emerge, affiora, irrompe impetuoso, e poi, altrettanto velocemente, si inabissa. O meglio ancora, ci troviamo di fronte a una costellazione indefinita e cangiante, che muta di continuo posizione nella volta del cielo.

Resta però che quel fiume carsico, o se preferite quella costellazione, esistono, ci sono. Sempre attivi. Silenziosamente attivi. E pieni di promesse e visioni. Magari addirittura pronti a regalarci un briciolo di buonumore e di felicità. Solitaria, e insieme, paradossalmente – nel silenzio e nell'intimità del pensare e del sentire –, solidale. Condivisa. Perché in fondo aveva ragione Seneca a dire che chi è amico di se stesso è amico di tutti.

Sotto la superficie, si delinea dunque una fisionomia diversa e piú robusta della comunità dei solitari. E si apre cosí un ulteriore spazio d'azione alla presenza – intimamente dubitante e mai apodittico-assertiva – dei cosiddetti «cani sciolti»: refrattari alla logica di appartenenza alle diverse tribú, quindi tanto piú sensibili alle sorti di ogni creatura, da preservare nella sua irriducibile singolarità, e dell'umanità tutta.

Ringraziamenti.

Sono quattro le persone che desidero ringraziare per la compagnia che mi hanno fatto nel cammino verso la nascita di questo libro: Tomaso Montanari, che ha letto il testo nella sua primissima versione, offrendomi preziosi suggerimenti; Ernesto Franco, che lo ha accolto in casa editrice con l'entusiasmo e la sensibilità di un vero amico, di un vero lettore; passando poi il testimone a Stefania Pico, che ha svolto il suo ruolo di editor con amorevole acribia.

Ringrazio infine Nadia Fusini, con la quale dei temi e questioni e problemi che qui circolano, dibatto da anni nella vita quotidiana e nello scambio fruttuoso con i suoi libri.

I cani sciolti è stato licenziato nel luglio del 2024. Dunque non dà conto di quanto è accaduto dopo.

Note

Le due epigrafi nell'occhiello iniziale sono rispettivamente tratte da: Nicola Chiaromonte, *Il tarlo della coscienza*, Mondadori, Milano 2024 (© 2024 Mondadori Libri S.p.A., Milano); e Giorgio Caproni, *Cabaletta dello stregone benevolo*, ora in Id., *Tutte le poesie*, Garzanti, Milano 2016 (© 2016 Garzanti Libri s.p.a., Milano).

I

Il riferimento ad Alexis de Tocqueville è al suo *La democrazia in America* [1835-40], a cura di Corrado Vivanti, trad. it. di Anna Vivanti Salmon, Einaudi, Torino 2006. Il celebre e citatissimo aforisma di Marco Aurelio è ripreso dai *Pensieri*, VI, 54.

II

La storica traduzione di Fernanda Pivano di *Addio alle armi* è tuttora pubblicata da Mondadori: ha solo cambiato collana, dalla mia vecchia «Medusa» agli «Oscar».

III

Il mio *Benjaminowo: padre e figlio* è stato pubblicato da Bompiani nel 2004. Le parole di Calamandrei provengono dalla sua *Commemorazione di Pietro Pancrazi* del 1954, ora in Id., *L'Avvocato e Il Segretario di Francesco Sansovino*, Ronzani Editore, Vicenza 2016. Per una panoramica sulle testimonianze degli Imi, gli Internati militari italiani, e una stima sulla loro consistenza numerica, cfr. per esempio Mario Avagliano e Marco Palmieri, *Gli internati militari italiani. Diari e lettere dai lager nazisti. 1943-1945*, Einaudi, Torino 2009; il citato libro di Alessandro Natta è *L'altra Resistenza. I militari italiani internati in Germania*, Einaudi, Torino 1997. Significativo, e toccante, che il presidente Ciampi abbia ricordato i militari internati durante il discorso per il Giorno della memoria del 2005 (https://deportati.it/news/270105__ciampi/). L'ironia salvifica di Giovannino Guareschi fu affidata alle pagine del suo *Diario clandestino. 1943-1945*, che Rizzoli ripubblica senza interruzione dal 1949; un'edizione recente e ampliata è *Il grande diario. Giovannino cronista del Lager. 1943-1945*, introduzione di Giampaolo Pansa, Rizzoli, Milano 2018. La citazione da Chiaromonte proviene da *Credere e non credere*, un altro libro di lungo corso, la cui prima edizione è del 1971 e l'ultima, per il momento, del 2023 (Mondadori).

IV

Sulla figura di Enea come uomo del nuovo inizio dopo la sconfitta, si veda Andrea Marcolongo, *La lezione di Enea*, Laterza, Bari-Roma 2020. *Three Guineas* di Virginia Woolf è qui ripreso dall'ed. it *Saggi, prose, racconti*, curata da Nadia Fusini per i «Meridiani» Mondadori (1998). I versi sulle «bestie di stile» che «non fanno banda» sono tratti da *Petote*, in Goffredo Parise, *Poesie*, introduzione di Silvio Perrella, Rizzoli, Milano 1986.

V

Alcuni echi della mia felice esperienza di "raccoglitore" di grandi voci confluirono in un libro: *Voci rubate. Canetti, Jünger, Berlin, Hrabal, Cioran, Edelman, Paz*, Einaudi, Torino 1993; uno «Struzzo» anche quello, il 461 della vecchia serie. Delle tante opere di Isaiah Berlin, mi piace qui ricordarne, e consigliarne, due: *Il riccio e la volpe* [1978], a cura di Henry Hardy e Aileen Kelly, trad. it. di Gilberto Forti, Adelphi, Milano 1986, raccolta di saggi sull'*intelligencija* russa ottocentesca; e *Controcorrente* [1989], a cura di Henry Hardy, trad. it. di Giovanni Ferrara degli Uberti, Adelphi, Milano 2000, straordinario saggio di storia delle idee; la citazione sui lupi e gli agnelli si trova in un altro suo volume: *Un messaggio al Ventunesimo secolo* [1994], trad. it. di Giulia Arborio Mella e Gilberto Forti, Adelphi, Milano 2015. Sempre a Berlin dobbiamo le citazioni su Herzen, contenute nella prefazione a *Dall'altra sponda* [1855], trad. it. e note di Pia Pera, Adelphi, Milano 1993. Da questo libro ho tratto le appassionate parole di Aleksandr Herzen sulla presupposta «fuga» dal mondo. Il *Coriolano* di Shakespeare (III, III) è qui citato in una mia traduzione all'impronta. Keats espose il concetto di «fare anima» in una lettera al fratello, ora nel volume dei «Meridiani» curato da Nadia Fusini che raccoglie le sue *Opere* (Mondadori, Milano 2019).

VI

L'intervento di Daniel Barenboim è pressoché integralmente leggibile in rete: https://francescomacri.wordpress.com/tag/riconoscere-lumanita-di-ciascuno/. I versi di Yeats sono ripresi da *Quaranta poesie* (Einaudi, Torino 1983), edizione mirabilmente curata da Giorgio Melchiori.

VII

Il lupo della steppa [1927] di Hesse, nella traduzione del benemerito Ervino Pocar, fu pubblicato per la prima volta nel 1946 da Mondadori ed è a tutt'oggi in commercio. Recente è la ricomparsa, dopo una prima traduzione quasi coeva all'originale, di un'edizione italiana di Colin Wilson, *L'outsider* [1956], trad. it. di Thomas Fazi, Atlantide, Roma 2020. Quanto ad Amos Oz, il libro che ho citato è *Contro il fanatismo*, trad. it. di Elena Loewenthal, Feltrinelli, Milano 2004; da leggersi di preferenza insieme con il suo *Resta ancora tanto da dire. L'ultima lezione*, trad. it. di Elena Loewenthal, Feltrinelli, Milano 2019.

VIII

A chi volesse approfondire la conoscenza di Simone Weil, consiglio di cercare Gabriella Fiori, *Simone Weil. Biografia di un pensiero*, Garzanti, Milano 1980. I saggi *Non ricominciamo la guerra di Troia* [1937] e *L'«Iliade» o il poema della forza* [1940], da cui cito, sono stati pubblicati in Simone Weil, *Il libro del potere*, trad. it. di Valentina Abaterusso, introduzione di Mauro Bonazzi, Chiarelettere, Milano 2016. Stordisce la riflessione, al limite del paradossale, sulla massificazione disumanizzante provocata dall'individualismo, contrapposta alla ricerca della sacralità umana racchiusa nell'«impersonalità», di un altro celebre saggio di Simone Weil, *La persona e il sacro* [1943], a cura di Maria Concetta Sala, Adelphi, Milano 2012. Non sorprende che avremo modo di incontrarlo di nuovo in queste note. I versi di W. H. Auden vengono dalla poesia *1° settembre 1939*, compresa nella raccolta *Un altro tempo* [1940], a cura di Nicola Gardini, Adelphi, Milano 1997.

IX

Sulla "sorellanza" fra la «santa» Simone Weil e la «fortunata» Hannah Arendt, rimando a un libro intenso e pugnace: Nadia Fusini, *Hannah e le altre*, Einaudi, Torino 2013. Le citate riflessioni di Arendt sulla politica vengono da *Che cos'è la politica* [1955], a cura di Ursula Ludz, trad. it. di Marina Bistolfi, Einaudi, Torino 2006. Piú dedicato al rapporto violenza-potere, a integrare la posizione di Simone Weil, è invece il celebre saggio di Arendt *Sulla violenza* [1970], trad. it. di Savino d'Amico, Guanda, Parma 1996. I versi di Ingeborg Bachmann sono tratti da *Quel ch'è vero*, in Id., *Invocazione all'Orsa Maggiore* [1956], a cura di Luigi Reitani, Adelphi, Milano 2023. L'immagine del mondo «guasto» mi viene da Tony Judt, *Guasto è il mondo*, trad. it. di Fabio Galimberti, Laterza, Bari-Roma 2020, la cui lettura è tutt'altro che avulsa dal contesto del nostro libro.

X

L'album a cui accenno all'inizio del capitolo è Catherine Camus (a cura di), *Albert Camus. Solitario y solidario*, Plataforma Editorial, Barcelona 2011. La descrizione di Camus è ripresa da Nicola Chiaromonte, *Albert Camus*, in «Tempo presente», V (gennaio 1960), n. 1 (http://www.unacitta.it/it/articolo/886-). Il concetto di *achievement* in Keats è legato a quello di «capacità negativa» (vedi le *Lettere sulla poesia*, a cura di Nadia Fusini, Mondatori, Milano 2005), ovvero la realizzata convivenza con l'incertezza e i dubbi, assai piú credibile – e perfino appagante – del mito dell'infallibilità. Sulla personalità e il pensiero di Camus, consiglio la lettura dell'articolo di Gabriella Fiori, *Albert Camus, o della consapevolezza*, apparso nel 2013 sulla rivista online «Dialegesthai» (https://mondodomani.org/dialegesthai/articoli/gabriella-fiori-02). La celebre frase «Tentare di nuovo. Fallire di nuovo. Fallire meglio», proviene dal racconto di Samuel Beckett, *Peggio tutta* [1983], in Id., *In nessun modo ancora*, a cura di Gabriele Frasca, Einaudi, Torino 2008. La citata conferenza di Camus è pubblicata in *Conferenze e discorsi. 1937-1958*, trad. it. di Yasmina Mélaouah, Bompiani, Milano 2020. Sulla frase di Kafka, rimando a Michael Löwy, *Kafka sognatore ribelle* [2004], trad. it. di Guido Lagomarsino, elèuthera, Milano 2014. Gli altri "echi" provengono da George Orwell, *Come un pesciolino rosso in una vasca di lucci*, a cura di Vittorio Giacopini, trad. it. di Elena Cantoni, elèuthera, Milano 2018; Michel de Montaigne, *Saggi*, a cura di Fausta Garavini, Bompiani, Milano 2014. Le citazioni da Iosif Brodskij, pubblicato in italiano da Adelphi, sono tratte rispettivamente da *Conversazioni*, a cura di Cynthia L. Haven, trad. it. di Matteo Campagnoli, 2015; *Il canto del pendolo* [1986], trad. it. di Gilberto Forti, 2020; *Dall'esilio*, trad. it. di Gilberto Forti e Giovanni Buttafava, 2021; *Profilo di Clio* [1995], a cura di Arturo Cattaneo, trad. it. di Id., Gilberto Forti, Giovanni Buttafava, 2021.

XI

Per Thoreau, ho usato l'ed. *Walden. Vita nel bosco* [1854], a cura di Salvatore Proietti, Feltrinelli, Milano 2019; a chi volesse approfondirne l'esplorazione posso suggerire il libro di Stanley Cavell, *The Senses of Walden*, University of Chicago Press, Chicago 1981, purtroppo non tradotto in italiano. Miei compagni di cammino tra boschi reali e metaforici sono Robert Walser, *La passeggiata* [1917], trad. it. di Emilio Castellani, Adelphi, Milano 1976; Jean Giono, *L'uomo che piantava gli alberi* [1953], trad. it. di Luigi Spagnol, con disegni di Tullio Pericoli, Salani, Firenze 2022; Mario Rigoni Stern, *Arboreto salvatico* [1991], Einaudi, Torino 2021. Meno esplicita, la presenza di Emerson, al quale tuttavia dobbiamo le «solenni futilità» (*Natura e altri saggi* [1844], a cura di Tommaso Pisanti, Rizzoli, Milano 1990). Per chiudere la passeggiata circolare, segnalo che Thoreau scrisse parole bellissime sugli alberi, che considerava alla stregua di amici: rimando perciò a un libro che contiene una scelta di suoi brani sul tema: *Ascoltare gli alberi*, trad. it. di Alba Bariffi, Garzanti, Milano 2018.

XII

Sí, amo gli asinelli e spero di averli «omaggiati» come si conviene in *Animali in versi. Un nuovo canzoniere*, Einaudi, Torino 2022, da cui riprendo i versi riportati. Ai già menzionati *Walden* e *Natura*, cominciamo qui ad aggiungere, mentre continuiamo a camminare citando, Ralph Waldo Emerson, *Condotta di vita* [1860], trad. it. e cura di Beniamino Soressi, Rubbettino, Soveria Mannelli 2020; Id., *Teologia e natura*, a cura di Pier Cesare Bori, Marietti, Genova 1991, che comprende il celebre discorso tenuto da Emerson alla facoltà di Teologia di Harvard il 15 luglio 1838, in cui si esorta, tra l'altro, ad «andare da soli». L'edizione critica delle opere di Emerson, a cura di Richard Poirier, è stata pubblicata nella serie «Oxford Authors» (Oxford University Press, Oxford - New York 1990). L'accenno all'amico di Montaigne proviene da Étienne de La Boétie, *Discorso sulla servitú volontaria* [1576], a cura di Enrico Donaggio, Feltrinelli , Milano 2014. Il saggio di Michel Onfray, citato anche all'inizio del prossimo capitolo, è *Thoreau. Vivere una vita filosofica* [2017], trad. it. di Michele Zaffarano, Ponte alle Grazie, Milano 2019. L'ultima ammonizione di Emerson ci arriva da *Fiducia in se stessi* [1841], anch'esso contenuto nel citato *Teologia e natura*.

XIII

Dopo Onfray, le prime citazioni da Emerson arrivano ancora da *Natura e altri saggi*, mentre di Thoreau riprendo il bellissimo *Camminare* [1863], trad. it. di Vincenzo Perna, con un saggio di Viginia Woolf, Lindau, Torino 2024. Il libro di Tony Tanner è *The American Mistery. American Literature from Emerson to DeLillo*, Cambridge University Press, New York 2000. Sulle distinzioni emersoniane tra *thinker* e *man thinking*, rimando a R. W. Emerson, *Pensa chi sei. Poteri e leggi del pensiero, Istinto e ispirazione, Memoria*, a cura di Stefano Paolucci,

Donzelli, Roma 2009. Le altre sue considerazioni, letterali e no, sono attinte dal citato *Fiducia in se stessi* e da altri tre volumi: *Il carattere e la vita umana*, a cura di Stefano Paolucci, Piano B, Prato 2016; *L'anima suprema. L'amore. L'amicizia. La politica*, trad. it. di Fanny Zampini Salazar, Ortica, Aprilia 2012, e *Cerchi*, a cura di Andrea Punzi, Cuem, Milano 2012. I suggerimenti sulle «buone maniere» e le uova vengono dal citato *Condotta di vita*. Per Thoreau, oltre a *Camminare*, cito qui *Disobbedienza civile* [1849], trad. it. di Andrea Mattacheo, Einaudi, Torino 2018.

XIV

Sarebbe bello che María Zambrano (1904-1991) fosse conosciuta sempre di piú nel nostro Paese. Di qui le ripetute citazioni da: *Chiari del bosco* [1977], trad. it. di Carlo Ferrucci, SE, Milano 2020. Per Weil, riappare in questo capitolo, come promesso, *La persona e il sacro*. Il *Journal* di Thoreau è ripreso da *L'agire del mondo. Ragionando di scienza, natura, esperienza umana*, trad. it. di Salvatore Proietti, Donzelli, Roma 2008. Ritroviamo poi *Camminare* con il saggio di Virginia Woolf – una coppia fantastica – che compare nell'ed. italiana sopra citata. Dopo Onfray, di cui abbiamo già parlato, segnalo alcune opere sull'uomo Thoreau: Ralph W. Emerson e Robert L. Stevenson, *Henry David Thoreau. His Biography and Character*, s.e, s.l., 2019; e una raccolta di lettere a un tale Harrison Blake, che gli aveva chiesto aiuto sulla propria condotta di vita: *Se tremi sull'orlo*, a cura di Stefano Paolucci, Donzelli, Roma 2010.

XV

Come si fa a imbrigliare in una nota Gianni Celati? L'esortazione sincera, da parte mia, è sintetizzabile in un «Leggetelo!» Tuttavia, per un inquadramento generale sulla sua poliedrica ed eccentrica attività, rimando a Marco Belpoliti, Marco Sironi e Anna Stefi (a cura di), *Gianni Celati*, Quodlibet, Macerata 2019 («Riga», 40). Da parte mia, ho qui attinto a vario titolo da G. Celati, *Conversazioni del vento volatore*, Quodlibet, Macerata 2011; *Comiche*, il suo libro d'esordio, pubblicato nel 1971 da Einaudi e poi riedito da Quodlibet (2012); e *Sonetti del*

Badalucco nell'Italia odierna, Feltrinelli, Milano 2010. L'indimenticabile ricordo che ho di lui e della sua maglietta era già comparso nel mio *In breve. Incontri, idiosincrasie, illuminazioni*, La nave di Teseo, Milano 2023.

XVI

Moltissimi sono i "camminatori" che mi hanno fatto una silenziosa compagnia durante questo libro-tragitto, e non solo. Ricordo qui "in chiaro" quelli che si sono palesati nelle ultimissime pagine. La «disperanza» stoica e tranquilla di Caproni viene dall'omonima poesia compresa nella raccolta *Il conte di Kevenhüller*, Garzanti, Milano 1986, e poi confluita nel «Meridiano» *L'opera in versi*, Mondadori, Milano 2016. Di Anna Maria Ortese ricordo la silloge di pensieri *Corpo celeste*, Adelphi, Milano 1997. I versi di Wallace Stevens sono tratti da *Harmonium*, ora in Id., *Tutte le poesie*, a cura di Massimo Bacigalupo, Mondadori, Milano 2015. Debbo la «credulità sovrainformata» a Marina Garcés, *Il nuovo illuminismo radicale* [2017], trad. it. di Stefano Puddu, Nutrimenti, Roma 2019. Per Vasilij Grossman il riferimento principe è naturalmente al suo capolavoro, *Vita e destino* [1959, pubblicato postumo nel 1980], trad. it. di Claudia Zonghetti, Adelphi, Milano 2022 (nuova ed. ampliata). Infine, mi sembra bello concludere con Seneca e la sua riflessione sull'amicizia, scritta per Lucilio e passata attraverso il mio amato Montaigne.

Einaudi usa carta certificata PEFC
che garantisce la gestione sostenibile delle risorse forestali

Certificato PEFC
Questo prodotto è realizzato con materia prima da foreste gestite in maniera sostenibile e da fonti controllate
PEFC
PEFC/18-32-03
www.pefc.it

Stampato su carta HOLMEN con fibra vergine
proveniente da foreste sostenibili
www.holmen.com/paper

Stampato per conto della Casa editrice Einaudi
presso ELCOGRAF S.p.A. - Stabilimento di Cles (Tn)
nel mese di ottobre 2024

C.L. 26545

Ristampa						Anno			
0	1	2	3	4	5	2024	2025	2026	2027

Gli struzzi

Nuova serie

1. GIOVANNI MARGINESU, *I Greci e l'arte di fare i conti. Moneta e democrazia nell'età di Pericle.*
2. STEPHEN CRANE, *Il segno rosso del coraggio.* Traduzione e cura di Michele Mari. Con un ritratto dell'autore di Joseph Conrad.
3. SERGIO LUZZATTO, *Giú in mezzo agli uomini. Vita e morte di Guido Rossa.*
4. RACHEL BESPALOFF, *L'istante e la libertà. Saggio su Montaigne.* Traduzione e cura di Laura Sanò.
5. HANS RUESCH, *Paese dalle ombre lunghe.* Traduzione di Daniele Petruccioli.
6. BASHŌ, *Lo stretto sentiero del profondo Nord.* Traduzione e cura di Chandra Candiani e Asuka Ozumi.
7. MASSIMO CACCIARI, *Paradiso e naufragio. Saggio sull'«Uomo senza qualità» di Musil.*
8. CLAUDIO CALÒ, *La sfilata di moda come opera d'arte.*
9. MARIANGELA GUALTIERI, *L'incanto fonico. L'arte di dire la poesia.*
10. CLEMENTINA PAVONI, *Il signor Alonso e la volpe giapponese. Un caso clinico nel Gioco della Sabbia.*
11. GIORGIO AGAMBEN, *Quel che ho visto, udito, appreso...*
12. JOSEPH CONRAD, *Amy Foster.* Traduzione di Susanna Basso. Con un saggio introduttivo di Hisham Matar tradotto da Anna Nadotti.
13. GUSTAVO ZAGREBELSKY, *La lezione. Discorso.*

14. LUDWIG VAN BEETHOVEN, *Il testamento di Heiligenstadt e Quaderni di conversazione*, tradotti e commentati da Sandro Cappelletto.

15. DOMENICO STARNONE, *L'umanità è un tirocinio*.

16. MARTIN BUBER, *Il cammino dell'uomo. Secondo l'insegnamento ḥasidico*. Traduzione e cura di Federico Giuntoli. Prefazione di Enzo Bianchi.

17. SONIA BERGAMASCO, *Un corpo per tutti. Biografia del mestiere di attrice*.

18. ANTONELLA TARPINO, *Memoranda. Gli antifascisti raccontati dal loro quotidiano*.

19. ROSSANA ROSSANDA, *Volti di un secolo. Il Novecento in 52 ritratti*. Introduzione e cura di Franco Moretti.

20. ROBERTO SITIA - GIULIANO GRIGNASCHI, *Io le patate le bollo vive. Ricerca, sperimentazione animale, vita*.

21. SADE, *La filosofia nel boudoir*. Traduzione di Patrizia Valduga. Prefazione di Michele Mari.

22. GASTONE BRECCIA, *Trafalgar. La battaglia navale*.

23. RUDYARD KIPLING, *I costruttori di ponti*. Traduzione di Paolo Cognetti.

24. MARCO REVELLI, *Questa Sinistra inspiegabile a mia figlia. Dialogo immaginario con un'adolescente*.

25. MARCO VACCHETTI, *Disegnare un elefante. L'insegnante di liceo come professione*.

26. RAPHAEL EBGI, *Il giovane meraviglioso. Vita di Pico della Mirandola*.